Goutong Weiwang

“怎样卖”才能赢得顾客的芳心，使顾客成为自己的消费者？
“怎样说”才能打动消费者，使其迅速下单？
这就需要技巧，需要掌握专业知识，学会察言观色，学会说话的艺术。

销售冠军养成利器丛书

沟通为王

奢侈品销售冠军的100个利器

刘春海 主编

SPM
南方出版传媒
广东经济出版社
·广州·

图书在版编目（CIP）数据

沟通为王：奢侈品销售冠军的100个利器／刘春海主编.—广州：广东经济出版社，2015.8
（“销售冠军养成利器”系列丛书）
ISBN 978-7-5454-4130-7

Ⅰ.①沟… Ⅱ.①刘… Ⅲ.①消费品-销售 Ⅳ.①F713.3

中国版本图书馆CIP数据核字（2015）第149544号

出版发行	广东经济出版社（广州市环市东路水荫路11号11～12楼）
经销	全国新华书店
印刷	广东新华印刷有限公司 （广东省佛山市南海区盐步河东中心路23号）
开本	730毫米×1020毫米 1/16
印张	17.5
字数	262 000字
版次	2015年8月第1版
印次	2015年8月第1次
印数	1～4 000
书号	ISBN 978-7-5454-4130-7
定价	38.00元

如发现印装质量问题，影响阅读，请与承印厂联系调换。
发行部地址：广州市环市东路水荫路11号11楼
电话：（020）38306055 37601950 邮政编码：510075
邮购地址：广州市环市东路水荫路11号11楼
电话：（020）37601980 营销网址：**http://www.gebook.com**
广东经济出版社新浪官方微博：**http://e.weibo.com/gebook**
广东经济出版社常年法律顾问：何剑桥律师

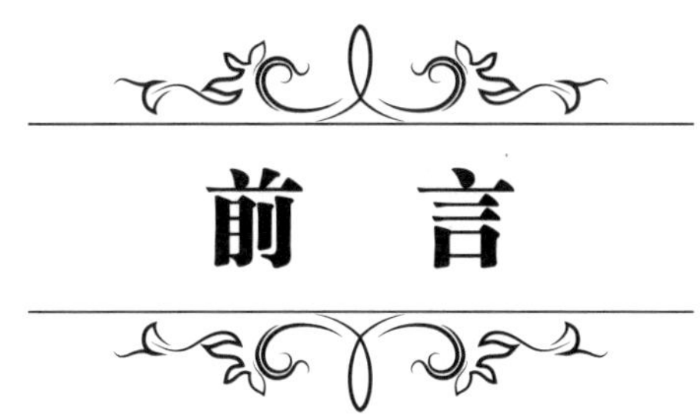

前　言

民间俗话千古流传："何谓生意？生意生意，就是生主说意。"什么意思呢？大概就是：你要想做生意，你首先就得生出主意（现代理念就是战略定位、商业计划），要看什么"好卖"才做这个生意。开始做生意后你还得把商品意思表达出来（现代理念就是营销策划、广告宣传），也即"叫卖"出去，如此才会吸引更多的顾客前来购买。

那么，什么生意好做呢？商品又要怎样卖呢？在百度中敲进"怎样卖"三个字，搜索引擎中很快就会出现"怎样卖服装、怎样卖手机、怎样卖房子、怎样卖保险、怎样卖车、怎样卖化妆品"等字眼，可见，这几个关注度比较高的也就是人们最关心和最需要的"生意"，即市场的热点。为什么？老百姓的生活，每天都离不开衣食住行、安全保障、沟通交流、幸福美满，所以，从生意的角度看，销售服装、手机、房子、保险、汽车、化妆品的都是朝阳产业。

然而，从事这些行业的人却经常有个困惑：为什么人家的生意那么好？我的就没有人家好？他是怎样卖的呀？

是啊，"怎样卖"才能赢得顾客的芳心，使顾客成为自己的消费者？"怎样说"才能打动消费者，使其迅速下单呢？这就需要技巧，需要掌握专业知识，学会察言观色，学会说话的艺术。

销售是一门艺术，怎样才能成为销售冠军呢？做过销售的人可能感悟颇多。比如，在销售A产品上非常成功的方法，使用在销售不同类的B产品中竟然如此糟糕；在此时段验证得非常好的销售方法，到彼时段就不见效了。

诚然，能够适应所有客户的完美销售人员是不存在的。但，我们还是要强调：今天，取得竞争优势的核心资源，不是所销售的产品，也不是所附加的保证，而是负责销售这一产品的销售人员。并且，销售人员应该是动态的，是顺应产品市场的发展而齐步前进的。维系并增强与客户间的关系，需要强大的工作热情及尽其所能地帮客户解决面临的问题；需要善于学习，始终与行业最新技术保持同步，即使自己不是技术方面的专家，但当客户提出要求的时候，也知道该从哪里入手或怎样解答。

笔者经过多年的实践以及与学员的互动教学，积累了丰富的一手资料和实战经验，针对目前市场上关注度比较高的服装、手机、地产、保险、奢侈品销售等5大领域，特为广大销售人员设计了一套“销售冠军养成利器”丛书。

“销售冠军养成利器”系列丛书由5本图书组成，从专业知识、基本素质、全程销售、售后服务、网络销售等方面进行了全面详细的阐述，每本书提炼了100个利器，短小精悍，可以供读者在闲暇之时翻阅。同时，每个利器又由点石成金、知识长廊两大部分组成。急需提升自身能力但又异常忙碌的销售人员，每天只需花上几分钟，就能轻松掌握销售利器，给自己的业绩带来翻天覆地的变化！

此外，还根据每本书的语境在正文中穿插情景再现、销售励志小故事、成功语录、术语解析等不同小模块，让读者在阅读时倍感轻松、愉快，符合时下所提倡的阅读新方式。

知名培训专家

精英实战专家

目　录

导读　销售，世界上最好的职业

第一章　品牌服饰

随着人们物质和文化生活水平的进一步提高，上流社会对服饰的要求，对服饰所表现的社会地位、身份习惯及素质和修养都提出了更高的要求。既要华丽高贵，也要时尚舒适。服饰将来的发展道路与方向是将服饰与人融为一体，将人们那种特有的神秘的内在美，完完全全地表露无疑。

服饰其实是一种生活方式，是识别自己的一种渠道，是识别一个人的最好名片。与人接触的时候服饰是一种社交方式，最好的服饰一定是带着个人烙印的，最好的相逢是一个人和一个体现自我风格的品牌之间的最默契的相遇。

第二章 璀璨珠宝

有的珠宝历经近百年的打磨与传承，却依旧拥有艳丽的色彩、时髦的造型，一点儿不给人“古”的感觉，反而充满风情，时尚味十足。

珠宝经过高精密的打磨镶嵌，几乎无一例外的都是纯手工艺术品，再加上珠宝背后深厚的文化底蕴和神秘的辗转故事，愈发增添了珠宝的魅力。

因此，每个女人都希望拥有一套属于自己的珠宝，这也就不足为奇了！

第三章　美妆护肤

追求美丽是人类的一种本能意识。测试表明，一个3个月大的婴儿，面对“漂亮”的成人脸蛋会笑得更长久。人们追求美丽的最根本目的，主要还是为了更加成功地吸引异性。几乎所有男士都将“女子具有美丽的容颜”作为择偶的重要标准。

心理学家南茜·爱克芙（Nancy Etcoff）经大量研究，得出结论：“美丽的相貌是女人最有用的资本，漂亮的女人更容易获得良好的社会地位、金钱和爱情，社会生活各方面的优势也会更加明显。”

第四章　香水余味

香水的问世至少有6000年的历史了。不论在何种情况下，香水都和时髦、夸耀与奢华联系在一起。

香水是最富有浪漫气息、最让人印象深刻，也最奢侈的“高级时装”。香水的味道就像是爱情的味道，无法看见也无法触摸，却让人从来不会忘记它的存在。

一瓶经典的香水或清新淡雅，或神秘高贵，或活泼雅致，其沁人的魅力会一点一点地释放出来，引发人们无限的想象。

第五章　包罗万象

包不仅用于存放个人用品，也能体现一个人的身份、地位、经济状况乃至性格等。一个经过精心选择的皮包具有画龙点睛的作用。

包饰的兴起与服装的演变有着密切的联系，第一个束上长绳的渔网状的小袋成为名副其实的“包饰”，成为人们衣着打扮中不可缺少的一部分。

第六章　腕表风情

稍纵即逝的时间，在美轮美奂的腕表中呈现，留给每个拥有者无尽的浪漫时光。一款经典的腕表，哪怕只拥有一件，都值得一生珍存。

腕表，如今已经是一种象征，一个人的品位、价值都能从这里体现。腕表追求的是一种经典之中的经典，无论是百达翡丽、积家、万国还是江诗丹顿都是表中的佼佼者。我们更要在时间中寻找人生的价值！

第七章　精品鞋履

有一句俗话曾说道：“阻碍我们前进步伐的往往不是身上的千斤重担，而是脚下那双不合脚的鞋子。”

舒适是鞋的灵魂，如果有人关注你的脚丫子，然后为你量身定做出一双绝世美鞋，那这双带着身份标签和独特气质的鞋将带给你舒适和快乐。这就是奢侈品鞋的魅力所在，每一款都是量身定做！

第八章 名酒家居

当今的世界名酒都有着种种不同的奇妙传说或美丽故事。不同的国度因不同的民族特性和相异的文化背景，都有自己独特气质的酒。

大多数人在进门的一刹那都会通过门来窥测“户主”的喜好与品位。家居能从侧面反映出一个人的生活品位，可以提升整个家庭的生活层次格调，更能给自己带来喜悦与安心。

第九章 名车豪宅

名车是一个为人量身定做的舒适豪华的移动空间，是尊贵身份的代名词，是速度与豪华的梦想极致。

豪宅是建筑业一个不灭的传奇，外人往往津津乐道于它耀眼的财富光环，设计师期望由此深刻表达出建筑对生命的关怀，实力阶层则期望借此在事业到达顶峰后实现生活的至高理想。

销售，世界上最好的职业

“如何成为销售冠军”是销售人员晋级训练的第一课，在开始学习之前，你可以问自己两个问题：

问题一：你真的希望成为销售冠军吗？

问题二：你为什么希望成为销售冠军呢？

销售是一个非常好的职业

销售是在为社会做出巨大贡献，因为销售员让科学上的新发现、新发明被大众认知和享用，从而让大众拥有更加丰富多彩的生活；销售员使企业的科研与生产得到社会的承认，从而让企业得以生存，并因此为千千万万的人创造就业机会，使其能过上安乐的生活。

如果你是“野心家”，那么销售这个职业将会给你一个零风险的创业机会：你不仅不需要投入资金，还会得到一份基本的生活保障——底薪，使你在获得生意前，能够维持生计。

你不需要建立庞大的运营体系，就能得到来自技术、生产、市场多方的支持，你只需要去寻找市场，发现生意机会，然后做生意赚钱，为自己赚得第一桶金。

你可以在赚钱的过程中，获得未来自己创业所需的经验。

如果你只想做一个打工的人，那么销售可以带给你较高的收入。如果你是成功的销售员，会得到高收入，并且收入多少可以由自己决定。

全方位的能力提升

通过做销售，你的能力可以得到全方位的提升。这些能力将帮助你在任何职业上获得成功。

> 你的心态变得积极而坚强，能坦然面对压力和挫折！
>
> 你建立了很好的市场感觉，能帮助公司创造利润！
>
> 你培养了良好的沟通和人际关系能力，能够与各种人相处，并说服和影响他们！

虽然销售是一个很好的职业，但是销售是一个成功者的职业。进入这个职业，就意味着你必须不断地突破自我、战胜困难，只有成为成功者，才能分享这个职业带给你的经济和能力方面的收益。

强烈的成功愿望与决心

你想要成为销售冠军，首先必须要有强烈的成为销售冠军的愿望，并愿意为此做出艰苦的努力。当然，冠军之路并不平坦，在你向目标努力的过程中，会遇到失败、遇到困难、遇到各种挑战。你必须承诺在任何情况下都不会退缩，都会坚持到底。就像迈克尔·乔丹所说的："我可以接受失败，但我不能接受放弃。"

如果你没有成功的决心，或不相信自己能成功，只想试试看，那最好不要尝试，因为这不仅意味着你无法成为销售冠军，还意味着你的职业前景令人担忧。要知道，在销售行业里，没有失败者的位置，客户信赖成功者、企业雇用成功者、资金流向成功者，失败者或者终被淘汰，或者惨淡经营仅够糊口。与其这样，那还不如趁早选择其他职业。

现在，你真的确信想成为销售冠军吗？那就开始踏上我们的冠军之路吧！相信此书将成为你冠军之路的有力助手！

第一章
品牌服饰

随着人们物质和文化生活水平的进一步提高，上流社会对服饰的要求，对服饰所表现的社会地位、身份习惯及素质和修养都提出了更高的要求。既要华丽高贵，也要时尚舒适。服饰将来的发展道路与方向是将服饰与人融为一体，将人们那种特有的神秘的内在美，完完全全地表露无疑。

服饰其实是一种生活方式，是识别自己的一种渠道，是识别一个人的最好名片。与人接触的时候服饰是一种社交方式，最好的服饰一定是带着个人烙印的，最好的相逢是一个人和一个体现自我风格的品牌之间的最默契的相遇。

利器001

了解服装面料知识

“专业的方是有品质的，独特的才是有价值的。”高端服饰品牌正因有独特的面料成分、精细的手工制作工艺，才彰显不同，因此，认识服饰面料的独特之处是奢侈服饰品牌销售员的必备知识。

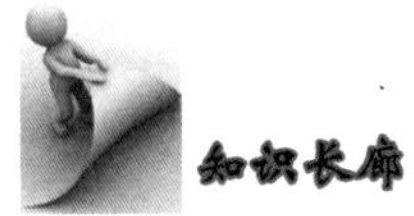

一、纤维分类

服装面料按照纤维分类可以分为天然纤维和化学纤维两种。

1. 天然纤维

天然纤维具体分为植物纤维、动物纤维和矿物纤维。

2. 化学纤维

化学纤维包括人造纤维和合成纤维。其中人造纤维如人造纤维素纤维、人造蛋白质纤维、人造无机纤维等；合成纤维如锦纶、晴纶、莱卡等。

二、面料三原组织

面料三原组织包括平纹组织、斜纹组织和缎纹组织。

（1）平纹组织。布面平整，布质耐磨，不易挂丝。

（2）斜纹组织。布面较松软，不耐磨。

（3）缎纹组织。布面松软，光泽好，不耐磨，易磨毛。

三、面料特性

不同面料有着不同的特性，奢侈服装品牌销售人员要了解常见面料的特性知识。

1. 麻纱

麻纱不是由麻纤维织成，而是用棉纤维通过纺织工艺处理织成的、具有麻织品风格的织物。一般布面平挺、滑爽而细洁、轻薄透凉，穿着不贴身，抗皱性优于麻织品，但缩水率较大，有网眼、提花、方格等。

2. 亚麻布

亚麻布是由亚麻纤维纺织而成。一般布面细洁、平整、挺括，手感柔软且富有弹性，具有穿着凉爽、透气性好、吸湿散热快、出汗不贴身的优点。

3. 苎麻织物

苎麻织物是由苎麻纤维纺织而成的面料，可分手工与机织两类。苎麻布透气性好，吸湿散热快，穿着爽挺透凉、不贴身。

4. 麻棉混纺

一般采用55%的麻与45%的棉，或麻棉各50%的比例进行混纺，外观上保持了麻织物独有的粗犷挺括的风格，又具有棉织物柔软的特性，改善了麻织品外观不够细洁、易起毛的缺点。

5. 毛麻人字呢

以50%的羊毛、50%的苎麻进行混纺，手感滑爽挺括，富有弹性。

6. 涤棉织品

涤棉织品常采用35%的棉与65%的涤棉混纺而成，既保持了涤纶纤维的特性，又具备了棉纤维的吸湿性强、易染色和穿着舒适透气的性能。

7. 卡其布

卡其布是斜纹布中的重要品种。表面斜纹细密，纹路笔直，质地紧密厚实，坚牢耐磨，平整挺括。织物密度大，在染色时染料不易渗透因而常摩擦之处易磨白，折边处易折断。

8. 绒布

棉布经拉绒处理，在织物表面出现一层蓬松的绒毛，这种布称绒布，由于这一层绒毛的存在，绒毛间储藏了大量的空气，具有较好的保暖性能。手感柔软厚实，穿着舒适。

9. 人造棉布

人造棉布是指由纯粘胶纤维纺织而成的具有棉布特征的织品，其吸湿性、透气性、染色性与棉布相同，布面匀整细洁、颜色鲜艳、质地柔软，但缩水率大。

10. 涤纶

涤纶又叫聚脂纤维，弹性好、强度大，比较耐磨，抗皱性能超过了任何纤维，耐热性好，化学稳定性好，不怕虫蛀，但吸湿性差。

11. 晴纶

晴纶又叫聚炳烯纤维，蓬松性好，密度小，保湿性能好，手感柔软、挺括，质轻强力大，耐晒，化学稳定性好，不霉不蛀；但不耐磨，抗皱性差，且弹力差。

12. 醋酯纤维

醋酯纤维又叫醋酸纤维。悬重性好，防皱吸湿排汗，抗紫外线、抗静电、抗菌防臭，但手感涩。

13. 氨纶

氨纶又叫莱卡，是目前全球运用广泛的弹力纤维，回弹性能好，不易变形。

14. 莫代尔

莫代尔是全球公认的一种新型环保材料。其生产是在对环境无污染的情况下进行的，具有优秀绿色环保功能，是纯正的天然纤维。具有棉的柔软、丝的光泽、麻的滑爽，吸水透气性都优于棉，色泽度好，有时会起毛。

利器002

搞定“求全心理”顾客

点石成金

对于比较有品位的时尚消费者群体，不是为了搭配而搭配，而是为了达到某种风格效果而搭配。

知识长廊

顾客的求全心理如果得不到满足，就只有一种结果——放弃购买。如果销售人员能够充分变通应对，积极引导并提供不同的解决方法，顾客还是很容易被说服的。销售人员推荐的衣服一旦达到了其要求，就很容易成交，因为这种顾客知道自己的要求多，的确不容易满足，换一个品牌也不一定就能买到合适的衣服。

销售人员碰到“求全心理”的顾客经常会遇到的问题：

“对不起，我们这里没有。”这样说就是在直接赶走顾客，即便是抱着一丝希望想找找看的顾客，听到销售人员这样的话也会转头就走的。

“您的要求太高了，相信您到哪里也找不到这样的款式。”这样说很容易引起顾客的逆反心理，说不定永远都不想再进你的店门。顾客要求高是有自己的原因的，不会因为销售人员的话而改变主意。

“那您再逛逛吧。”最温柔的拒绝，但注定销售会无果而终。

情景再现

销售人员：您好，想让身材显得苗条一些，通过色彩、款式的搭配都可以达到；想要符合职业和多种场合身份，也可以通过搭配达到。那么请问您的职业是什么？一般需要穿着服装出席哪些场合呢？

顾客： 我是一名模特，想买一件上班、聚会、逛街都能穿的衣服。

销售人员： 那我建议您选择今年比较流行的黑搭配。穿着这种色彩的服装上班，会给人稳重、内敛的印象。如果朋友聚会的话，搭配一些有光泽感的饰品，就会变得优雅华丽。如果逛街穿呢，搭配一些比较明快的浅色鞋和包，比如白色的鞋包，就能够既休闲又时尚。另外，这样的颜色因为比较深一些，所以也能很好地修饰身材，我们有好几款这种色彩的款式，您要不要试试看？

图1-1

顾客： 噢，好啊。

纪梵希（Givenchy）

创始人Hubertde Givenchy休伯特·德·纪梵希于1952年在巴黎创立纪梵希。纪梵希品牌曾获金顶针奖、得军团骑士荣誉、奥斯卡优雅大奖等奖项。

几十年来，纪梵希一直保持着优雅的风格。因而在时装界，“纪梵希”几乎成了“优雅”的代名词。纪梵希引退后，加里阿诺任首席设计师，他与纪梵希传统的儒雅风格截然相反，他的作品充满了童话色彩，总能满足人们对时装的幻想，充满视觉快感，为“纪梵希”品牌注入了新的活力。

1997年，马克昆成为纪梵希首席设计师，他满头脑古怪的意念常常令世人惊叹，在他的作品中常表现宗教、死忘、性、爱等哲学命题。马克昆所创造的那种年轻的前卫风格，让“纪梵希”这一知名品牌继续在时装界成为耀眼的星星。

利器003

抓住“卖点”促其购买

服装卖什么？面料、款式、色彩、做工各取其长，各大品牌的价值取向也各自不同，流行趋势既是玩口头也是玩“卖点”。因此，奢侈品销售人员要学会抓住“卖点”，这样才能更好地为顾客推荐，让顾客看到卖点然后主动购买。

顾客购买商品需要一个分析和考虑的过程，此时为顾客提供“导”购的服务是很关键的，销售人员要把商品的风格卖点或者其他卖点介绍给顾客，为他们提供有分析价值的信息。

服装是美感类商品，与其他商品最大的不同就是对商品美感的了解。商品推荐中融进销售人员对美感风格的认知，会对成交带来很大的帮助。

情景再现

销售人员：本款女装简单、大气，裁剪相当收身，腰间的腰带设计以及袖子上的格子走线、胸口的对称口袋、细节处的怀旧LOGO，都让本款相当大气。本款在寒冷的冬季，让您上身温度与高雅并存、曲线与温暖同在。

情景再现

销售人员：用保暖效果极佳来形容这款坎肩毫不为过，您看，首先，坎肩内胆采用加毛绒设计，其保暖性能远远高于普通毛线编织坎肩，内胆加绒使其穿起来更舒适、更柔软。其次，带帽内胆含绒拉链，女坎肩的戴帽设计，大大提高了保暖性能，厚厚的连衣帽保暖效果大大超过了一条厚围巾。坎肩还大量采用织花设计，使坎肩具有时尚感。像这种时尚与保暖兼具的坎肩，绝对是寒冷冬日的首选。

销售人员：这款红色戴帽女卫衣采用醒目、奔放的红色，让少女恣意张扬自己的真实个性，红色戴帽女卫衣采用加厚面料卫衣式的设计更显张扬，拉链的设计全部采用红色凸显了活力、前卫的创作风格，帽子里衬采用标志的印花起到了点缀的作用，服装胸前同样有特殊标志。相信您的女儿一定会喜欢的！

情景再现

销售人员：先生，您的夫人上次来逛时就看中了这款全拼皮真毛领高端女大衣，现在您买来送给她，一定会给她一个惊喜。它采用高端的全拼皮面料，高档时尚，透露着奢华感，衬托女性的高贵气质；真毛的设计增添了保暖性能，在寒冷的冬季也能穿出不一样的魅力；军绿色的色彩，看上去高贵大方，有着别样的军中风情，半大款的女大衣更能凸显女性的完美身材。

情景再现

销售人员：这是一款内藏腰带百合领毛呢大衣，是我们品牌少有的大衣，而且还是保暖效果极佳的呢子大衣，设计简洁、独特。领口用简单、大气的百合形状的设计，凸显时尚的大气，特别在于腰间不经意间增加了腰带的使用，这是其他款式所不具备的，这样的设计能够起到更好的保暖防风作用，使它与身体更好地贴合。

情景再现

销售人员：本款配围巾盆领中袖女针织衫，配有围巾一条，装饰与保暖兼具。盆领毛衣是今年编织毛衣给像您这种清新女孩的一个惊喜。在颜色上融入了稳重的黑色与活力的米色。长款高领的款式受到热捧，再加一条编织围巾更是完美装束的法宝。中袖的设计也能衬托出您的年轻活力。

情景再现

销售人员：这一款短款双排扣皮包边女风衣，采用高档面料设计裁剪而成，以纯蓝色为打底布料设计，展现了年轻与活力。领口处采用了圆领的翻领设计，袖口用环扣松紧设计，适合紧身穿着，正面用双排扣的设计，肩部与正面的扣子相连体，使整体的设计更具有统一性，上身效果极好，后背用天蓝色的刺绣设计出了品牌的标志。

情景再现

销售人员：本款高端精致腰带胸口毛球软呢女大衣，整体设计简洁，腰间用黑色与铜片的设计相结合，与整体的黑色、卡其色形成对比，注重时尚的新概念与独特的视觉感官。整体宽大舒适的设计与纤细的腰带形成鲜明的对比，显然腰带是作为一种点缀而存在的。前襟采用了一般女性大衣很少采用的翻领加V领的设计，带有一丝中性的帅气，另外，在胸口用毛作为球进行妆点，增加了动感时尚。

图1-2

销售人员：这款日单口袋缝真皮牛仔裙，从正面看像很普通的牛仔裙，但是当你看到后面的时候，你会发现裤兜的口袋处有三角形的真皮，具有野性的朋克色彩，特别是咖啡色的牛皮，用到了牛仔裤上，可以说是牛皮与牛仔裙的结合，两个'牛'在这个牛年可以说是更牛了。本款的颜色效果是经过整体水洗出来的，这样细看更有纹路，产生自然、和谐的特点，裤兜角的褶皱打磨设计是经过细节打磨的，线条更为精细。

情景再现

销售人员：这是一款女士中长两款棉衣，整体设计简洁，突出了整体的上身效果，在裁剪方面，腰部处都采用了瘦身式的裁剪设计，突出了整体的立体效果。在女士棉衣中，选用浅蓝色作为打底色，简洁中带有一丝时尚感与另类的高贵，帽子边设计有柔软的棕色毛，在防风、御寒的同时，也具备了一种女性的性感。

情景再现

销售人员：这款高领撞色长袖连衣裙，巧妙地运用撞色将两种反差的色调在一件服装上进行设计，以及简单的收腰设计，穿着后随着身子的弧线而下。成曲线的设计，面料柔软，穿着舒适，撞色的设计往往让人眼前一亮，整体的感觉产生出来，颜色设计更为大胆，加上高领的设计让本款增加了保暖性，正适合秋季穿着。

情景再现

销售人员：您好，这个款式裁剪设计都比较简洁，可以随意进行混搭，如果您喜欢帅气、洒脱的风格，可以在里面找到喜欢的。旁边这个系列则多是曲线款，其中有很多表现女人味的款式，您可以慢慢挑选一下。

利器004

服装陈列，吸引眼球

点石成金

服装陈列是一种艺术，其目的是提升品牌形象，吸引顾客眼球，促进店面销售，因此，作为奢侈品服务员必须重视服装的陈列。

知识长廊

在一家国外的食品卖场，有位顾客边喝饮料边推购物车，卖场工作人员看到后，马上在购物车上安装放置饮料的位置，顾客便可以一边喝着咖啡或饮料，一边悠闲购物，结果当然是销售额倍增。

图1-3

图1-4

逛街购物的顾客经常会被橱窗的展示或演示所吸引，驻足观看，从而引发试穿和购买的欲望。当进店时，却发现自己心仪的那件服装，在货架上根本找不到。

也许可以从其他货架上找到，也许可以从库房里拿出那件服装（或许还没有熨烫整理），也许可以直接将人形模特所穿的那件脱下来（人形模特就会裸露在大庭广众之下）。

那么，由此造成的顾客的时间、销售的时间会不会被耽搁呢？顾客试穿的效果又会如何呢？片刻裸露的人形模特是否有损品牌形象？这一连串的问题如何才能避免发生呢？这就需要服务人员在陈列的细微之处将服务做到位，这样不但使顾客得到的信息更加准确，而且对商品的销售也会有更大的帮助。

服饰橱窗，被称之为都市人的穿衣指南、时尚潮流的风向标，能引起顾客的兴趣，促进销售。因此，必须要做好服装陈列，提高销售额。

图1-5

利器005

打“特色牌”引领时尚潮

服装是一种潮流、一种风尚，人们都有一种追风意向，如某明星或知名人士在某个场合穿戴了一种服饰，那很有可能将会引领当季的时尚风潮。

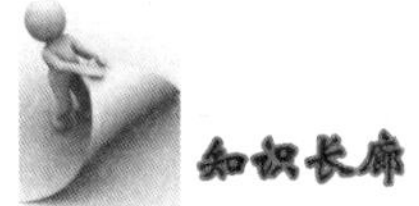

每个服装品牌都有着自己的特色，因此，可能所面对的顾客对象也会不一样，但是可以尽量争取更多的人群。在这里，列举各大品牌服装特色。

情景再现

销售人员：路易威登革命性地创制了平顶方型衣箱，并在1854年于巴黎开了第一家店铺，创造了LV图案的第一代。但就像今天一样，他的设计很快便被抄袭，此后，平顶方型衣箱随之成为潮流。从早期的LV产品到如今每年巴黎T台上不断变幻的服装秀，路易威登一直屹立于国际精品行业翘楚的地位，原因就在于他有着自己特殊的品牌“DNA”。

情景再现

销售人员：香奈儿服饰的主要特点其实不是高贵，而是优雅、简洁。香奈儿是由服装起家，香奈儿女士最钟爱用黑色与白色进行美丽的幻化，实现一种绝对的美感以及完美的和谐。她留下许多对流行的看法，成为引导这个时代流行的直接心灵导师，她认为美指的是内外皆美，虽然流行不断推陈出新，但是风格永远不会被淘汰。

销售人员：尽管时装品牌令人眼花缭乱，gucci的风格却一向被商界人士垂青，时尚之余不失高雅。这个意大利牌子的服饰一直以简单设计为主，尤其是今季的男装，剪裁新颖，弥漫着18世纪威尼斯的风情，再融入牛仔、太空和摇滚巨星的色彩，豪迈中带点不羁，散发无穷魅力。

销售人员：Gucci以“身份与财富的象征”的品牌形象成为富有的上流社会的消费宠儿，一向被商界人士垂青，时尚之余不失高雅。在高级奢华糜烂的世界，Gucci仍然屹立在时尚界，集万千宠爱于一身的Gucci将带给您无与伦比的奢华盛宴。

情景再现

销售人员：克里斯汀·迪奥一直是炫丽的高级女装的代名词。迪奥服装选用高档、上乘的面料，表现出耀眼、光彩夺目的女装的华丽与高雅，一直备受时装界关注。迪奥继承着法国高级女装的传统，始终保持高级华丽的设计路线，做工精细，迎合上流社会成熟女性的审美品位，象征着法国时装文化的最高精神，迪奥品牌在巴黎地位是相当高的。

情景再现

销售人员：Prada由行李箱和手袋起家，一直蓬勃发展及扩张，成为闻名世界的意大利品牌之一。1985年，Miuccia开拓第一条Prada的成衣系列及女士鞋履系列。

销售人员：范思哲是著名的意大利服装品牌，代表着一个品牌家族、一个时尚帝国。它的设计风格鲜明，是独特的美感极强的先锋艺术的象征。其中魅力独具的是展示充满文艺复兴时期特色的华丽的具有丰富想象力的款式。您看这些款式性感漂亮，女性味十足，色彩鲜艳，既有歌剧式的超平现实的华丽，又能充分考虑穿着的舒适性及恰当地显示身材。

销售人员：阿玛尼服饰的特色是中性，优雅含蓄、大方简洁、做工考究，集中代表了意大利时装的风格。许多高阶主管、好莱坞影星们就是看上阿玛尼自我的创作风格，而成为阿玛尼的追随者。好莱坞甚至还流行了一句话："当你不知道要穿什么的时候，穿阿玛尼就没错了！"其中奥斯卡影后莱蒂佛斯特就是阿玛尼忠实的拥护者。

奢侈品牌

李维斯（Levi's）

李维斯（Levi's）牛仔裤是来自美国西部最闻名的名字之一。1853年，犹太青年商人李维·史特劳斯（Levi Strauss）为处理积压的帆布试着做了一批低腰、直筒、臀围紧小的裤子，卖给旧金山的淘金工人。由于这种裤子比棉布裤更结实耐磨而大受欢迎。于是，李维索性开了一家专门生产帆布工装裤的公司，并以自己的名字"Levi's"作为品牌，李维斯牛仔裤的神话也由此展开。

在世人心中，全球销量超过35亿条的Levi's牛仔裤不仅是时尚潮流的引领者，更是美国精神的一个典型服饰代表，带有鲜明的符号象征意义："独立""自由""冒险""性感"等。

利器006

从电影中寻找服装卖点

点石成金

这句话该如何说起，可能你会感到很困惑，怎么能从电影中寻找到服装的卖点？其实很简单，作为高端奢侈品牌，自然与许多电影明星有着千丝万缕的联系。这里的关键是如何寻找到与你所售品牌的那根“丝”呢？

知识长廊

作为奢侈品牌的销售人员，本身所具有的素质已经是相当的高，但是要想拥有更好的业绩，则要善于发现更多的卖点。

例如，可能有人不知道纪梵希，但是大多数人都知道奥黛丽·赫本，那么纪梵希与奥黛丽·赫本有什么联系呢？相信如果是纪梵希的销售人员，当然会清楚清纯优雅的奥黛丽·赫本背后的男人就是纪梵希，纪梵希可是奥黛丽·赫本四十余年的形象设计师。

纪梵希为奥黛丽·赫本的一系列电影：《罗马假日》《蒂凡尼的早餐》《龙凤配》《下午之爱》《千面丽人》《巴黎热情似火》等设计的戏服，都是经典之作。

图1-6

利器007

熟练运用展示方法

奢侈品销售人员在服务过程中，要进行适当的展示和介绍才能进一步激发顾客的购买欲，抓住时机，促成销售。

商品展示是销售人员将商品的性能和特点用灵活的方法展现出来，以便顾客进行挑选，并促使其购买的一种销售技巧。

一、拿放服装要领

（1）拿放服装是奢侈品销售人员一项最基本的技能，需要眼明手快、拿放得当、动作利索，这样才能显示服装全貌，突出服装的特征，引人注目，激发顾客的购买欲望。

（2）拿放不当、动作迟钝，不但不能展示服装的全貌，而且容易耽误顾客的时间。

（3）奢侈品销售人员必须掌握拿服装的基本要求；揣摩顾客心理，准确提拿商品；便于顾客挑选，显示商品全貌；有耐心、不烦躁，轻拿轻放。

二、与顾客的沟通

（1）当顾客看服装时，可以从顾客在看的服装中取出两件，并微笑地说："这件服装您看怎么样？"

（2）当顾客的手里拿着服装时，要简单地向其介绍该服装的特点和穿着效果。

（3）当顾客指定要某件服装时，应点头致意，并马上拿出服装，请其挑选。

（4）当顾客对所看到的服装不满意时，要迅速选出别的服装，并双手拿给顾客看。

（5）当顾客希望销售人员帮助挑选商品时，要根据顾客的心理做有比较、有选择的推荐。

（6）当顾客需要的服装无货时，要向顾客解释："对不起，您要的服装暂时无货，请您留下联系电话，货一到我马上与您联系。"或者，推荐类似服装请顾客挑选。

三、适时地展示推荐

在销售过程中，除了把服装展示给顾客并加以说明之外，还要向顾客进行推荐。为刺激其购买的欲望，推荐服装时可运用以下原则，如表1–1所示。

表1–1　　推荐服装运用原则

序号	原则	说明	备注
1	推荐时要有信心	在向顾客推荐服装时，销售人员要有信心，才能让顾客对商品有信赖感	
2	适合于顾客的才作推荐	在对顾客进行推荐之际，应根据对顾客购买动机的探寻，以对顾客实际情况的推测，把握顾客的需要，以便推荐其所适合的服装	
3	推荐服装的特征	每一款服装都有其特征，而往往不易被顾客发现，诸如功能上、设计上、品质上的特征，因此，销售人员在向顾客推荐时，要多强调服装的特征	
4	让话题集中在服装上	销售人员在向顾客做服装推荐时，应尽量把话题集中在服装上，并同时注意观察顾客对服装的反应，以了解顾客的需求	
5	明确地说出其优点	销售人员在进行服装的说明与推荐之际，为了便于顾客的比较，明确地说出本款服装与其他款服装相比较所具有的优点，则更能增加顾客的信赖感	

续表

序号	原则	说明	备注
6	不要做不可靠的推荐	充满自信地推荐服装，可以使顾客安心，因此，销售人员要对推荐的服装有充分的自信。此外，不要将不可靠的服装向顾客推荐	
7	根据顾客的实际情况	销售人员要以顾客至上，根据顾客的实际情况，积极配合顾客用心地向其进行推荐	
8	以诚心推荐	光在嘴上说“这件服装绝对可以买”，会缺乏说服力，反而会激起顾客的不愉快。如果发自真心地推荐“买下来不会有损失”，顾客便会充满信任地购买	

阿玛尼（Armani）

1970年，乔治·阿玛尼与建筑师赛尔焦·加莱奥蒂（Sergio Galeotti）合办公司，而后于1975年创建了“Giorgio Armani”公司并注册了自己的商标。

1974年，当乔治·阿玛尼的第一个男装时装发布会完成之后，人们称他是“夹克衫之王”。1984年，创立了低价位品牌安波罗·阿玛尼。

GIORGIO ARMANI即是打破阳刚与阴柔的界线，引领女装迈向中性风格的设计师之一。茱蒂佛斯特就是ARMANI忠实的拥护者。在男女服装中，简单的套装搭配完美的中性化剪裁，在任何时间、场合，都没有不合宜或褪流行的问题，来自全球的拥护者更是跨职业、跨年龄。

利器008

准确把握展示技巧

点石成金

奢侈品销售人员在向顾客介绍自己的服装时，应准确把握服装展示的技巧，以达到引起顾客兴趣、激发顾客购买欲望的目的。

知识长廊

商品展示是销售人员向顾客介绍商品知识、性能及使用方法等的过程。

一、事先计划，从容不迫

销售人员在向顾客介绍服装之前，不仅要对所介绍的服装各方面的情况进行计划，而且还要在示范动作的一招一式和顾客可能提出的各种疑问上做好充分的准备，并在适当的时刻及时予以说明并解决顾客可能存在的疑惑，使顾客感到销售人员能想自己之所想，从而对销售人员及店铺产生好感。

图1-7

二、使用通俗易懂的语言

奢侈品销售人员在向顾客导购的过程中，不要过多地采用专业性过强的词语，应采用平实而通俗易懂的语言，这样易于顾客理解和接受。

三、展示说明特别注意的地方

展示不同的服装时，由于服装本身的特性不同，以致强调的重点也不同，或是实行展示的方法可能相异因而进行说明的方式也不尽相同。销售人员可以利用表1−2所示方法，使展示更生动、更能打动顾客。

表1-2　　　　展示说明需要特别注意的地方

序号	类别	说明	备注
1	细微部分以食指指示	大部分则以手掌表示说“请注意这部分”，以手指并拢伸直的手掌来引导“请看这一款”。关键部分，则以食指向下指示“这个地方……”的方式较易被人了解	
2	让顾客亲身感受	尽可能地让顾客能看到、触摸到、试穿服装	
3	掌握顾客关心的重点	同样一款服装，每位顾客购买的理由都不一样。销售人员在与以往顾客接触的过程中，应该学会判定顾客的类型，根据顾客类型，再结合自己对服装的了解，针对新的特定顾客的兴趣集中点，向顾客推荐能满足其需求的服装	
4	注意拿取服装的态度	销售人员还要特别注意拿取服装的态度，如果销售人员拿取服装时小心谨慎、轻拿轻放，就可能会使顾客觉得这款服装很有价值；如果销售人员以随随便便、毫不在乎的态度去拿取，即使是价格再昂贵的服装，顾客也可能会对此不屑一顾	

利器009

了解着装服务知识

奢侈品销售人员在销售服装时，应当掌握不同的着装技巧，以便为顾客提供更多、更专业的着装服务，从而扩大店铺经营品牌的市场知名度，提升店铺及品牌在顾客心目中的地位。

一、着装服务要求

奢侈品销售人员在销售服务中，要想让自己的营业额达标，平常就必须对顾客的着装需求进行认真分析，以此确立自己着装服务的市场定位。

1. 着装服务是一种服务产品

在产品及服务日趋同质化的今天，要想让自己的店铺在竞争中脱颖而出，就必须具有特别的销售方法。比如，将着装服务定位成一种服务产品，这种产品可以是收费的，也可以是随店铺销售的服饰产品一起附送的免费服务。

> **特别提示**
>
> 奢侈品销售人员在为顾客提供着装服务时，如果不对自己的服务产品进行定位，就不能达到好的服务效果。

不管收费还是免费，其产生在店铺整体服务中，就应当定位为一种产品，而不是一种可有可无的服务。对于这一点，店铺经营者必须明确。

2. 着装服务要体现专业化

店铺所提供的着装服务要体现出专业化，要体现出品牌与顾客气质的美，这种美是在奢侈品销售人员专业化的着装服务下产生的。因此，着装服务就是要体现着装服务的专业性。

奢侈品销售人员在进行着装服务时，给顾客提供的是一种专业性的服务，这种专业性既体现在顾客购买服装的过程中，也要求在后期的着装中能体现顾客的自身美。服装的特点要与顾客的气质、外表相结合，专业的服务能让美体现出来，体现在为顾客提供美的着装需求上。

二、特定场合着装

特定的场合需要着特定的服装，奢侈品销售人员可以在顾客需要的时候，提供上门或特定场合的着装服务。对于一个品牌的消费顾客来说，他要在不同的场合通过特定的着装体现自己的身份与气质。

1. 了解品牌定位中的不同场合着装特性

当顾客在订购某一款服装时，奢侈品牌销售人员首先要了解顾客的需求，就某款服饰的着装场合特点，与顾客进行着装方案的沟通，使顾客接受你的建议，从而更好地着装。

特别提示

奢侈品销售人员应明确顾客的心理特点进行更多的专业研究，使自己的着装服务更能体现顾客的个性特点与品牌的品位。

（1）定位在18～25岁年轻人的品牌服饰产品，其场合定位应体现年轻人的特点，活泼与张扬的个性，是这些顾客群在不同场合的着装特点。

（2）对于27～45岁的顾客来说，不同的场合定位会显现出不同的特点。商务场合的着装要体现稳重与积极，要表达出干练的气质来；而在家庭生活着装中，又要体现出轻松与活力，放松自己的心情与减轻工作上的压力。

2. 明确不同顾客的性格特点

品牌定位取决于自己的顾客是哪一个阶层人士，每一个阶层的人所具有的性格特点是不同的，这些不同的性格特点正是奢侈品销售人员进行顾客着装服务的要点。了解自己品牌顾客的整体共性性格特点，可以让奢侈品销售人员在提供着装服务时做得更好。

品牌定位在成功人士的顾客群，其性格一般是稳重与理性的，奢侈品销售人员提供的特定场合着装服务，就要体现出这些顾客的身份与气质特点。使顾客的特点得以表现，那就意味着奢侈品销售人员在进行服务时体现了自己品牌的特点。

图1-8

三、顾客着装的个性化服务

顾客着装的个性化服务是服装店铺提供的特色服务之一。对于不同的顾客，其在身材、脸型、肤色等方面存在的差异是很大的，但是这些又都是品牌的消费群体，因此，对顾客提供着装的服务就十分必要。

顾客在购买服饰的时候，都会有一定的着装要求。哪怕是随机性的购买行为，也是在顾客看到服装款式且产生了一定的着装需求后才决定购买的。奢侈品销售人员就要针对这类顾客提供专业的着装个性化服务，让顾客在购买的时候就能够明确自己这套（件）服装的着装要求与适合穿着的场合。其服务要点如表1-3所示。

表1-3　　顾客着装个性化服务

序号	类别	说明	备注
1	着装搭配	奢侈品销售人员在对顾客提供服务时，需要运用一些服饰搭配销售技巧。服饰搭配本身体现的是奢侈品销售人员专业的服装着装技能，而搭配着装要从顾客的上衣与下装、内外衣的款式等方面进行	奢侈品销售人员能否给顾客提供高质量的着装搭配服务，决定了顾客是否在该店铺购物
2	着装色彩	顾客的肤色、服装的色彩，是奢侈品销售人员为顾客进行色彩着装搭配服务的要点，奢侈品销售人员提供这方面的服务，就是为了解决顾客在着装方面的色彩搭配问题	每一个人，都有着不同的肤色，不同的肤色对不同色彩的服装有着不同的穿着效果
3	首饰搭配	奢侈品销售人员要为顾客提供专业的服装与首饰搭配的建议，让顾客在自专业的建议下进行着装与佩戴饰物，使顾客在穿戴品牌服饰时更能体现出品位	女士一般对服装与首饰的搭配是十分注重的，现在男士也越来越关注服装与饰物的搭配

续表

序号	类别	说明	备注
4	着装气质	气质服务是指奢侈品销售人员要根据顾客的气质，建议顾客选择合适的品牌与着装	奢侈品销售人员应当让顾客明确自己最适合何种服饰
5	着装环境	奢侈品销售人员在顾客购买服装时，要告知哪些场合适合穿着此款服装：比如，A小姐在Q品牌服装店准备买一条在同学聚会时穿的裙子，店铺服务员小黄在听完A小姐的讲述之后根据其身高、气质向她推荐了一款紫色的碎花连衣裙，A小姐在试穿时非常满意，小黄告诉A小姐，这款连衣裙不但能够在聚会时穿，而且在其他的一些重要场合也可以穿	奢侈品销售人员不仅让顾客心里明白了各种服饰穿戴的场合，同时也让顾客在不同的场合给自己的品牌进行了广告宣传
6	着装个性化	奢侈品销售人员针对自己的顾客群体与服装款式等，为顾客提供必要的全面着装搭配服务，让顾客的着装能体现其个性特点	奢侈品销售人员所提供的个性化服务，必须要符合自己店铺品牌定位的顾客群，个性化也是流行与时尚的着装服务
7	着装季节性	奢侈品销售人员要让顾客了解不同季节的着装在服装款式、色彩、搭配等方面的不同要求，使顾客穿出自己的个性	不同的季节有着不同的服装搭配，其表现为色彩的不同、款式结构的不同、工艺制作的不同等
8	着装面料	向顾客讲解各种不同面料的特点和保养知识，让顾客了解各种不同面料服饰的着装特色，明确各种面料对服装设计的要求	顾客选择符合其个性特点的服装面料

利器010
从“心”突破

奢侈品价值无法用一般商品的标准来衡量，其消费者更多地寄希望于通过消费，享受奢侈品的象征性价值，体验一种期盼已久精致生活。顾客消费心理的特殊性，就决定了奢侈品的营销手段与众不同。

情景营销就是在销售过程中，运用生动形象的语言给顾客描绘一幅使用产品后带来的美好图像，激起顾客对这幅图的向往，并有效刺激顾客购买欲望的手段。

顾客购买物品一般基于三种利益：功能利益、情感利益和象征性利益。在奢侈品消费中，人们追求的核心价值已不再侧重于商品本身的功能利益，更看重的是依附在商品使用价值之外的“符号象征价值”，即物品的象征性利益。

消费者购买服装等奢侈品就是为了实现自我价值，彰显自己独特的生活方式，展示自己的能力、地位、品位等等。这种消费过程以达到对精彩人生、精致生活的追求与体验。

消费者对奢侈品象征性利益的这种追求为情景营销的成功奠定了基础。高档服装奢侈品极为珍贵，受到消费者的重视程度与普通商品差别甚大，因此顾客对拥有奢侈品后能达到的期望值也会更高。

在导购现场，销售人员富有感情色彩的描绘可以使顾客将这种场景和自己亲身经历结合起来，满足他们的期望值，让消费者动情。顾客购买行为主要是由感情力量引起，如果终端销售人员所描绘的情景，正好吻合购买者原有的想法，这种带有感情色彩的话最容易说服顾客，销售的成功率自然会提高很多。

利器011

为顾客提供试穿服务

点石成金

服装试穿是服装销售过程中的重要环节之一，当顾客挑选到心仪的款式后，奢侈品销售人员一定要劝说其试穿，因为试穿是促使顾客决定购买的催化剂。

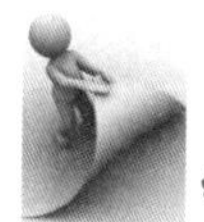

知识长廊

一、试穿前

在顾客试穿前，销售人员可目测或询问顾客适合的尺寸（有些顾客也不知道自己到底穿多大尺码的衣服，尤其以男顾客居多），如果最终仍不能确定尺寸，必须用皮尺测量，以便清楚顾客试穿的尺码，并准确拿出相应尺码的衣服，以减少试换的次数。

特别提示

好的服务并不等于多试衣服，第一次就拿准，才是高手。奢侈品销售人员要记住顾客所试穿衣服的件数，以便事后清点。

二、试穿时

（1）带领顾客到试衣间，边走边将衣服的纽扣或拉链拉开。

（2）走到试衣间时先敲门，然后确定试衣间内干净整洁，无异物异味。

（3）把衣服穿法告诉顾客，把衣架拿出，提醒顾客锁门。

（4）如果试衣间有人，礼貌地请外面的顾客稍等片刻，或再看看其他商品。

（5）试衣时，销售人员要在试衣间附近，负责替顾客搭配或建议试穿，尽量促成串联销售。

（6）如果衣服不合适，销售人员要在试衣间门外为顾客调换衣服。

（7）如果顾客在试衣间里的时间太久，可以敲门进行提醒。

三、试穿后

当顾客从试衣间出来后，销售人员要主动走上前去协助顾客整理服装，比如翻领子、卷袖子，还要让顾客走到试衣镜前，礼貌地询问顾客对服装的感觉。

例如，“小姐，这件衣服的颜色与您的肤色很相称”“您的眼光很不错，它很适合您的气质”等。当顾客已经初步决定购买此款服装时，奢侈品销售人员应不失时机地进行附加推销，给顾客提供“一站式服务”，尽量让顾客在自己的店铺中买齐他们所需的商品。

特别提示

在帮助顾客的同时，要尽量把服装的特性、优点和好处全方位地展示给顾客，以便给顾客不同的选择，并不断地思考和完善服装的搭配。说话时应考虑不要伤害顾客的自尊，应当从顾客穿着感觉出发，适时夸赞，指出服装的适合之处。

香奈儿（Chanel）

香奈儿（Chanel）创办人可可·香奈儿（Coco Chanel）小姐，1883年出生于法国的奥维涅，原名“Gabriell eBonheur Chanel”。1910年，香奈儿在巴黎开设一家女装帽店，香奈儿简洁耐看的帽子立即受到当时女士们的追捧。1914年，香奈儿开设了两家时装店，时装品牌“Chanel”正式宣告诞生。

香奈儿在1922年推出著名的Chanel No.5香水。Chanel No.5是史上第一瓶以设计师命名的香水。Chanel No.5香水瓶是一个甚具装饰艺术味道的方形玻璃瓶。如今，Chanel No.5香水依然是重点推介产品。

1954年重返法国，并东山再起，以她一贯的简洁自然风格，迅速俘虏一众巴黎仕女。粗花呢大衣、喇叭裤等都是香奈儿战后时期的作品。Chanel品牌也是法国时装史上最光荣的一笔。

利器012

接近顾客把握时机

要探询顾客的需求就要接近顾客，接近顾客是销售的前奏，如果这个前奏自然、流畅，那么就能顺利地引导顾客进入后续的销售环节；反之，如果前奏“演出”不成功，就无法使顾客进行后面的节目。

在销售中，把握接近顾客的时机，是一个很重要的步骤，如果方式不对、时机不对，就会让顾客“逃之夭夭”。

一、接近顾客的时机

下面可通过顾客常见的几种行为进行分析。

1. 顾客认真观看商品时

一位女士走进店来，几乎没有停留就直接往里走，一直走到一款牛仔裙前才停了下来，并认真地看着它。

当顾客一走进来，就朝着某件商品走去的时候，表明这位顾客对该产品已经有了一定的认识，其在心里可能早已经对该产品产生了兴趣，甚至已经有了购买的决定。奢侈品销售人员可从顾客的正面或旁边（也就是顾客能够看得见的地方），用夸奖商品的语气去招呼顾客。

2. 顾客寻找商品

一位小姐走进店门后，并不像大多数顾客那样按顺序浏览商品，而是站在店门附近扫视着整个卖场，用搜寻的目光左右看着。

顾客进店后，东张西望，眼睛在不停地搜寻时，表明顾客已有了购买产品的想法，但是不知道具体的商品放在哪里。此时，销售人员应尽快接近顾客，替顾客省去很多寻找的时间和精力，顾客也会因此而感到愉快。

3. 顾客触摸商品时

一位女士把一件大衣从货架上拿了下来，摸了摸面料，又看了看衬里，感受了一下厚薄，然后在衣服内里寻找到标签，认真看了看“成分组成”。

当顾客用手触摸商品，翻找价格牌、标签时，表示顾客不再满足眼睛的观察，而希望能通过触摸，对商品有更深的认识。此时是接近顾客的好时机，但应注意切忌在顾客刚刚抚摸商品时就与之接触，这样容易引起顾客的猜疑，而是要稍微等一下，使顾客对商品的了解更深入一些，然后视其注意、抚摸商品的种类，加上一些简单的说明，以使其产生购买欲望。

4. 顾客与销售人员对视时

一位小姐在店内浏览了一圈后，停住脚步，左右转头看，找到销售人员后用询问的眼神看着她。

当顾客主动寻找销售人员，并毫不回避与销售人员目光接触时，表示该顾客希望从销售人员处得到帮助。此时，销售人员应向顾客点头致意或微笑，并致以问候语，进行初步的接触，这样可以表现销售人员的礼貌与热情，给顾客留下好的印象。

二、接近顾客注意事项

如何接近顾客也是有学问的，销售人员应注意以下几点：

（1）在接近顾客时，必须从前方走近顾客。这样可以让顾客从视线中看到销售人员而不至于产生不安。

（2）走过去时动作轻柔、缓慢，但是也不能悄无声息地走近顾客并突然出现在顾客面前，这样只会惊吓到顾客。只要像平时走路那样，自然地接近顾客就行了。

（3）与顾客的距离要适度。据研究显示，人与人之间只有在和父母、兄弟、夫妻、小孩或极亲密的朋友在一起时，才愿意保持近距离而不会感到不安。所以，奢侈服装品牌销售人员在面对顾客时不要和他太过贴近，否则会令他不舒服。一般以1～1.5米较为适宜，最近不能少于45厘米。

一位小姐站在货架前，用手依次拨开衣架一件一件地浏览衣服。浏览到一半的时候，她的目光停留在了一条印花的雪纺连衣裙上。停留了五秒左右后，她干脆把这条裙子从货架上拿了下来，举到眼前歪着头仔细打量着。这时，在卖场一角暗中观察她的销售人员小红不紧不慢地走了过来。不过她没有径直走到这位顾客面前，而是轻柔、从容地走到距离顾客几米的地方停了下来，开始若无其事地整理商品。然后一边整理一边接近顾客，当走到距离顾客一米处时她微微一笑，温和地对顾客说：“小姐，您眼光真准，这条裙子穿起来很漂亮。有很多客人都看中了它，但是不够苗条没法穿。您身材这么好，穿起来一定很漂亮！”那位小姐听后，莞尔一笑：“是吗？”“对呀！您可以试一下！”“那好吧，我试试。”

（4）接近顾客后，就要立刻面带微笑开口与顾客说话。千万不要走到顾客旁边一言不发，这样顾客以为销售人员在监视他，会因此而不满。

（5）在开口与顾客谈话时，必须不时地与顾客有目光接触，但不能一直死死紧盯着顾客看，这样会让他产生不安和压力。

瓦伦蒂诺（Valentino）

创始人Valentino garavani（瓦伦蒂诺·加拉瓦尼）1932年出生于意大利，1960年在罗马成立了瓦伦蒂诺公司。1968—1973年，瓦伦蒂诺公司被肯通（kenton）公司接管；1973年，瓦伦蒂诺·加拉瓦尼重新购回了公司。

瓦伦蒂诺曾获奈门·马科斯奖、意美基金会奖。富丽华贵、美艳灼人是瓦伦蒂诺品牌的特色。瓦伦蒂诺喜欢用最纯的颜色，其中鲜艳的红色可以说是它的标准色。瓦伦蒂诺做工十分考究，从整体到每一个小细节都做得尽善尽美。瓦伦蒂诺是豪华、奢侈的生活方式的象征，极受追求十全十美的名流所忠爱。

利器013

探询顾客要有耐心

点石成金

并不是所有的顾客前来就有明确的目标，有时奢侈服装品牌销售人员也许要反复地询问，才能发现或是让顾客自己发现到底想买的是什么。

知识长廊

在探询顾客的需求时耐心是非常重要的。奢侈服装品牌销售人员在向顾客提问时要记住：用循序渐进的问话方式可以引导顾客发现他们的需求。在问话的过程中，奢侈服装品牌销售人员也能和顾客逐渐建立信任关系。

情景再现

销售人员：您喜欢什么颜色的呢？

顾客：我也说不清楚。

销售人员：这款服装有米色、浅粉色、淡黄色，也有纯白色，您比较喜欢哪一种颜色呢？

顾客：我好像比较喜欢浅一点的颜色。

销售人员：那您可以告诉我您准备在什么场合穿吗？

顾客：我想在上班的时候穿。

销售人员：如果您想在上班时感觉自己有活力又不失女性的温柔，我建议穿浅粉色和淡黄色；如果您想让自己显得庄重一点、有权威感一点，米色和白色比较适合。当然，这还要根据您的肤色来定。您愿意让我帮您做一个肤色测试吗？

顾客：那太好了。

销售人员：我很乐意帮助您找到最适合您的颜色。（奢侈服装品牌销售人员为顾客做了肤色测试……）好了，您看，您的肤色属于秋天系列，那么淡黄色和米色是最适合您的，当然还有其他秋色系列的颜色都会很适合您。那么您会选择什么颜色呢？

顾客：哦，那我试试淡黄色的吧。

销售人员：好的，我帮您拿一件适合您的码，试衣间在那边，我带您去……

由此可见，只要奢侈服装品牌销售人员耐心地循序渐进地再多问几个问题，就能找到顾客的真正所需，从而更好地为顾客服务，让顾客满意。

杜嘉班纳（DOLCE&GABBANA）

D&G于1994年推出，作为Dolce & Gabbana的副线，成为年轻人向往的欧洲风格的流行标志。目前，D&G的风头已经大大超过了它的一线品牌。D&G正是年轻人精神的体现，代表着自由、个性的年轻化风格，有时还带着些反叛的味道。

D&G深深迷恋西西里的古典浪漫，结合了来自意大利的万种风情，其匪夷所思的搭配将古典与现代生动地糅合在一起，给人强烈的视觉冲击，成为给时尚圈带来活力四射的风格与创意的品牌。优雅时尚的感觉锐不可当，它的服装、配饰，还有香水、眼镜、内衣、皮具、鞋、包等多种产品系列都是极具奢华的奢侈品。

利器014

成功跨越问题雷区

奢侈服装品牌销售人员在探询顾客需求时，也要注意提问的艺术，有些问题是根本不能问的，有些问题是不能直接问的。这些不能问的、不能直接问的问题就是“问题雷区”。

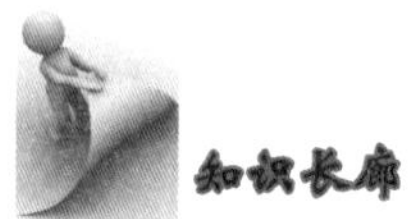

请千万注意，不要踩到以下几个问题雷区，否则将会失去顾客。

一、别问让对话无法延续的问题

前面提到的封闭式问题有一个最大的缺点，就是很容易把话说“死”，把对话变成“死话”。比如，奢侈服装品牌销售人员问顾客：“您喜欢红色还是绿色？”如果顾客两个都不喜欢的话，那她该怎么回答？如果心情好，她也许会告诉你，她都不喜欢；如果心情不好，她会扭头就走。

> **特别提示**
>
> 奢侈服装品牌销售人员在问话时一定要注意多说“活话”，少问“死话”，即最好多用开放式的问题，如果要用封闭式问题也要注意技巧，这样才能使对话一直延续下去。

以下是“死话”与“活话”的范例，奢侈服装品牌销售人员可参考，以便工作中灵活运用。

A.死话——令对话终结

“您需要我帮忙吗？”

“这是您想要的牌子吗？”

“您是否要西装？”

B.活话——令对话延续

“我可以怎样帮助您？”

“您想要哪种牌子？”

“您想要哪一种款式的西装呢？”

二、与顾客身材有关的问题慎问

有时顾客太胖，或者有其他的特殊之处，奢侈服装品牌销售人员在发问时千万不能问与身材有关的问题。

一天，李太太和李先生来到一家服装专卖店买衣服。奢侈服装品牌销售人员小王热情地上前接待了他们。小王看到李太太长得比较胖，于是推荐几件较适合胖人穿的衣服给她，但是李太太都不喜欢。李太太自己挑了一会儿，看中了一件印花的连衣裙。她把衣服穿在身上，对着镜子一照，感觉非常满意。她很开心地说：“老公，这条裙子的印花好漂亮，我好喜欢啊。”李先生点点头：“你喜欢就买吧。”一旁的小王忍不住说：“太太，这种花型是很漂亮，不过比较适合瘦一点的人穿。你的腰围是多少呢？”

李太太一听，脸一沉，一言不发地走进更衣室把衣服换了，拉着李先生就走。小王在一旁，愣了半天也不知道发生了什么事。

小王的错误就在于问了不该问的问题，李太太的身材比较肥胖，她自然很忌讳这一点，但是小王还自作聪明地问李太太的腰围。这种时候小王应该采取“我可以帮您量一下尺寸吗？”的方式来找到自己需要的答案。

图1-9

三、与顾客年龄有关的问题要注意

有些顾客挑选的商品并不适合自己的年龄，奢侈服装品牌销售人员出于好心，会提醒他这样的商品不适合他的年龄，结果有时好心反而办坏事，惹得顾客不愉快。特别是对女性顾客，更要注意这一点。

星期天，某服装品牌专柜来了一位五十来岁的女士，销售人员小红赶紧迎了上去。该女士在牛仔裤前左挑右选，后来看中了一款天蓝色的牛仔裤，有意买下。小红犹豫了一下，还是忍不住对顾客说："阿姨，这种颜色比较适合年轻女孩子穿，您是自己穿吗？"那位女士停顿了两秒钟，放下裤子丢下一句"不买了"，扭头走了。

四、与消费预算有关的问题要小心

在一些情况下，奢侈服装品牌销售人员总想了解顾客购物的预算，以免自己向顾客展示了价格高于其预算的商品，浪费彼此的时间。可是，如果直接问与预算有关的问题，比如"您想买什么价位的衣服呢？"会让顾客觉得你在怀疑他的经济实力。这样的话不但不能探寻到顾客的需求，严重时还会使顾客直接中断购买商品的欲望。因此，这也是奢侈服装品牌销售人员要小心和谨慎的问题。

范思哲 (Versace)

范思哲（Versace）是意大利著名的奢侈品品牌。范思哲代表着一个品牌家族、一个时尚帝国。它的设计风格鲜明，是独特的美感极强的先锋艺术的象征。其中魅力独具的是那些展示充满文艺复兴时期特色的华丽的具有丰富想象力的款式。这些款式性感漂亮，女性味十足，色彩鲜艳，既有歌剧式的超平现实的华丽，又能充分考虑穿着的舒适性及恰当地显示体型。

利器015

学会使用辅助材料

如果奢侈服装品牌销售人员仅仅只是介绍，介绍得再用心，有些顾客还是会觉得差那么一点购买的信心。这时若能拿出一份非常有力的证明材料，则可以让自己的介绍更具说服力，可以给顾客多一份信心。

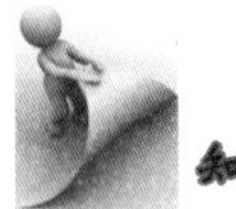

销售人员在销售中要学会使用辅助材料，辅助材料运用得当，会对商品销售有很大的帮助。

一、辅助材料内容

通常奢侈服装品牌销售人员的辅助材料主要有：

（1）顾客使用商品后的赞美留言或客户使用产品后的获利事例。

（2）专业部门、认证部门颁发的认证书、质检书。

（3）宣传图片、图表、统计表。

（4）图书、报纸、杂志等出版物上对商品或有关方面的正面报道。

（5）权威人士的证明。

二、辅助材料制作

作为奢侈服装品牌销售人员，平时就得熟练掌握辅助材料的制作。结合自己所售商品，填好下面这个表格（见表1-4），它会让自己手上的每一份推广材料发挥美妙的功效，让自己的话更有说服力。

表1-4　　用推广材料证明自己说的话

	特征	优点	好处	证明材料
生产流程				
质量				
原料				
构造				
性能				
外形				
颜色				
方便程度				
耐久性				
用途				
价格				
送货				
售后服务				
……				

三、辅助材料收集途径

既然辅助材料对奢侈服装品牌销售人员的销售有如此大的帮助，那么这些材料该如何获得呢？（见表1-5）有些材料可能比较容易获得，比如包装盒、说明书、广告宣传资料等。

表1-5　　辅助材料收集途径表

类别	收集途径
顾客使用商品后的赞美留言或顾客使用商品后的获利事例	（1）在柜台内放置留言册，要求对商品满意的顾客写赞美留言；必要时，奢侈服装品牌销售人员可帮他们写草稿，让顾客自己写并签名 （2）保持与顾客的紧密联系，把顾客的获利情况记录下来

续表

类别	收集途径
专业部门、认证部门颁发的认证书、质检书	公司的技术部和相关部门会保存
宣传图书、图表、统计表	海报、杂志上的资料，一些年度销售表和市场调查统计表
图书、报纸、杂志等出版物上对商品或有关方面的正面报道	图书、报纸、杂志等出版物上的一些相关报道，不一定要针对产品，只要与商品的材料、功能等有关的就可以
权威人士的证明	相关专家的题词、名人的评价
掌握对你的商品有利的、竞争对手的产品价目表	获取途径灵活

四、注意事项

为了更好地发挥辅助材料的作用，在使用辅助材料的过程中，要遵循以下几个原则：

（1）所提供的资料要真实，千万不可造假、掺假。

（2）资料贵精不贵多，要选择真正使顾客感兴趣和最能体现顾客利益的材料。

（3）提供的资料要完好无缺。

（4）对材料要充分熟悉，最好能做到倒背如流。

（5）材料要一份一份地给，并对材料的重点给予指出。

（6）在顾客面前使用推广资料和证明材料的时候，要保持手部的清洁。

（7）在向顾客讲解推广资料的时候要与顾客保持目光接触，从而达到随时了解顾客态度的目的。

（8）在向顾客讲解材料的内容时，用笔帮助讲解，这样既方便了移动，又不会因为手指分散顾客的注意力。

利器016

识别顾客购买信号

点石成金

顾客在认同并决定购买奢侈服装品牌销售人员所推荐的商品时，总会不自觉地发出一些购买信号，比如积极的话语、认同的微笑、理解的眼神等。

知识长廊

奢侈服装品牌销售人员一定要细心观察，及时识别，进而采取恰当的销售策略。

一、表情信号

以下是一些顾客成交前的表情信号，奢侈服装品牌销售人员可以细心体味。

（1）眼睛发亮，瞳孔放大，脸上露出兴奋的神情。

（2）由咬牙沉思或托腮沉思变为脸部表现明朗轻松，活泼友好。

（3）情感由冷漠、怀疑、深沉变为自然、大方、随和、亲切。

（4）面露兴奋神情，盯着商品思考。

（5）顾客紧锁的双眉分开，眼角舒展，面部露出友善及自然的微笑。

（6）顾客身体微向前倾，并频频点头，表现出有兴趣的样子。

> **特别提示**
>
> 任何时候，奢侈品销售人员只要认为自己听到或看到了一种购买信号，就应立即向顾客提出成交的请求。同时，在与顾客交谈的过程中，要密切注意顾客所说的和所做的一切，千万不要因为自己太过健谈而忽视了顾客的购买信号。

二、行为信号

顾客一旦拿定主意购买商品，也会不自觉地通过其肢体语言和动作行为表现出某些成交的信号。以下是顾客成交前常表现的行为信号：

（1）拿起商品认真地玩赏或操作，并查看商品有无瑕疵，表现出一副爱不释手的模样。

（2）重新回来观看同一种商品或同时索取几个相同商品来比较、挑选。

（3）表示愿意先试商品。

（4）开始注意或感兴趣，比如反复翻看价格单、翻阅商品说明和有关宣传资料。

（5）不再发问，若有所思，或不断地观察和盘算。

（6）离开后又转回来，并察看同一商品或转向旁边的人问：“你看怎么样？”

（7）突然变得轻松起来，态度友好。

（8）突然放开抱在胸前的手（双手交叉抱在胸前表示否定，当把它们放下时，障碍即告消除）或松开了原本紧握的拳头。

（9）身体前倾或后仰，变得松弛起来。

（10）不断点头。当顾客一边看商品，一边微笑地点头时，表示他对此商品很有好感。

图1-10

三、语言信号

如果顾客的语言由提出异议、问题等转为谈论商品内容时，则为顾客发出了成交的信号。顾客在决定购买时，通常会提出带有以下内容的问题：

（1）关于商品的使用与保养的注意事项、零配件的供应等。如可以退货吗？你们将如何进行售后服务？

（2）对商品的一些小问题，如包装、颜色、规格等提出具体的修改意见与要求。如我以前买的××牌质量让人感到不放心，不知你们的怎么样？

（3）用假定的口吻与语句谈及购买等。

第二章
璀璨珠宝

有的珠宝历经近百年的打磨与传承，却依旧拥有艳丽的色彩、时髦的造型，一点儿不给人“古”的感觉，反而充满风情，时尚味十足。

珠宝经过高精密的打磨镶嵌，几乎无一例外的都是纯手工艺术品，再加上珠宝背后深厚的文化底蕴和神秘的辗转故事，愈发增添了珠宝的魅力。

因此，每个女人都希望拥有一套属于自己的珠宝，这也就不足为奇了！

利器017
掌握贵金属类知识

点石成金

作为珠宝销售人员，要在工作中注意自己的一言一行，避免服务的禁忌，用行业道德规范严格要求自己。将珠宝销售工作中的一些禁忌列举出来，以便在工作中规避。

知识长廊

作为珠宝销售人员，必须对珠宝的基本知识有所了解，只有这样才能帮助顾客建立购买信心，以促进销售。

一、黄金

1. 黄金的特性

（1）黄金的密度很大，仅次于铂，为19.32g/cm^3，俗语说：真金不怕火炼。其熔点相当高，约为1063℃，经得起一般高温。

图2-1　黄金

（2）黄金很柔软，由于黄金太软，用纯金制作首饰并不太合适，必须加入少量的其他金属，以增加其硬度。黄金很容易磨损，也很容易变成极细的粉末，因此自然界的黄金的原始状态都是以粉末状出现。

（3）黄金具有良好的延展性能，易于锻造和延展。1克黄金可以拉成长3500米、直径为0.0043毫米的金丝。1000克黄金可以延展530平方米。

（4）黄金中含有其他元素的合金能改变波长，即改变颜色。

（5）黄金的化学性质十分稳定，与大多数化学元素都不起反应，在空气中长期暴露也不会改变颜色或减弱其光泽，制作首饰最合适不过。

2. 黄金的种类

黄金按其来源的不同和提炼后含量的不同分为生金和熟金等。

（1）生金也称天然金、荒金、原金，是熟金的对象，是从矿山或河底冲积层开采出来，没有经过熔化提炼的。生金分为矿金和沙金两种。

（2）熟金是生金经过冶炼、提纯后的黄金，一般纯度较高、密度较细。常见的有金条、金块、金锭和各种不同的饰品、器皿、金币以及工业用的金丝、片、板等，人们习惯上根据成色的高低分为纯金、赤金、色金三种。

（3）按含其他金属分量的不同划分，黄金又可分为清色金、混色金、K金等。

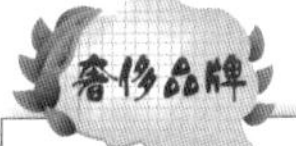

卡地亚（Cartier）

1902年，卡地亚在伦敦成立分公司，适逢爱德华七世的加冕典礼筹备时期，卡地亚能满足英国贵族大量珠宝的需要。国王爱德华七世的威尔斯王子授予卡地亚皇帝珠宝商的称号。1904年，卡地亚创制了有史以来第一块腕表。

如今，双“C”标志是珍贵和时尚的标志，围绕着这一标志，卡地亚制作了大量精致的珠宝系列。卡地亚是一种象征，拥有者传达着世间最美好的语言都无法言喻的文化传承。

今天无论是高级珠宝还是当代珠宝系列，例如Le Baiserdu Dragon（龙之吻系列），龟瓢系列胸针珠宝，卡地亚精品都本着出色的制作工艺、独特的风格和专业的技术，传达出品牌的价值。

二、金的合金（K金）

18K，含金量75%，故称750。18K黄、18K白，成品镀膜处理，与含金量无关。

一般来说，K金是采用纯金与铜和银混合的合金；K白金则是纯金与银和钯的合金，为了增加硬度会用镍代钯加进铜使颜色呈粉红，镉和银使颜色变绿，铁使颜色变蓝，铝使颜色呈紫，锌则令颜色变淡紫。K金较坚硬，方便镶嵌宝石，款式多、色彩多。

图2-2 K金对戒

顾客：K金饰品为何佩戴一段时间会泛黄？

销售人员：我公司所售的18K白金是由75%的纯黄金及25%的致白元素（银、锌、镍）形成的合金。长期佩戴18K白金，颜色会泛淡淡的黄色，属正常的现象。那是因为饰品表面上的铑被磨掉后原有的淡淡的黄色自然而然地显露出来，您可将饰品及质保书带到我们的店进行免费电镀，同时提醒您在平时的佩戴过程中应尽量避免饰品与含碱性或酸性的物品接触。

顾客：750白金是铂金的一种吗，也是铂金吗？750金的成分是什么？

销售人员：750白金不是铂金的一种，750白金是由75％的纯黄金和25％的致白元素（银、锌、镍）形成的合金，内部不含一点铂。所以它是黄金中的一种。

顾客：750金导致皮肤过敏如何处理？

销售人员：这里向您解释一下：750金是75%的纯黄金和25%的致白元素（银、锌、镍）混合而成的，如果您的皮肤过于敏感，那么在佩戴时可能会出现一些不适现象，但您不必担心，可以先将饰品取下，过段时间再试着佩戴看看，如果还是不行，建议您以后选择铂金饰品。铂金的优点是：化学性质极其稳定，贵重且出众，光泽度、延展性好等。就铂金饰品本身来说，其稳定的化学性质就决定了佩戴者不会产生皮肤过敏，所以这一点请您放心。

顾客：K金饰品为何不可进行维修？

销售人员：K金饰品一般是不予进行维修的，考虑到您的需求，我们可以帮您进行维修。但由于K金饰品的制作工艺比较复杂，在维修后会有明显的焊点，将影响到饰品的美观，您可以考虑一下是否需要维修。

三、铂金（PT）

铂金开采困难，比黄金更罕有，富收藏价值。铂金为银白色，光泽亮度俱佳，摩氏硬度4～4.5，几乎是金属中最硬的，防腐蚀性强。熔点为1773℃，稳定性高。

图2-3 铂金

顾客：PT950的含义是什么？PT950是不是就是白金？

销售人员：PT950是指其含铂量的千分数不少于950的铂金。我们一般不把PT950称做白金，因为白金只是民间的一种俗称。白金的这种叫法往往容易与K白金混淆。

顾客：铂金戒指为何会有裂痕？

销售人员：普通款式的铂金戒指是不会有裂痕的，但如果是条戒（俗称圈戒，高抛光款），看上去内有裂痕的情况可能会有，其原因是：这种戒指制作时均是用长金片弯成圈状，再进行焊接的，焊接处均有焊线，但不会断开，一般经过抛光、电镀后不易看出，但如果电镀层脱落后，容易被显示出来。这种情况不会影响佩戴，只需进行保养就可以了。

顾客：铂金手镯变形可否维修？

销售人员：如果只是简单的整形是可以操作的，如果是手镯受外力作用而使表面形成凹凸现象那是无法进行维修的。

四、钯金（PD）

钯金特性稳定，颜色、外观与铂金相似，有金属光泽。熔点为1555℃，硬度4～4.5，相对密度12，轻于铂，延展性强，硬度比铂金稍硬。化学性质较稳定，不溶于有机酸、冷硫酸或盐酸，但溶于硝酸和王水，常态下在空气中不会氧化和失去光泽。

利器018

卖钻石更要“精”钻石

点石成金

钻石备受人们青睐，作为珠宝钻石销售人员，不仅是要卖钻石，更多的是要懂钻石。

知识长廊

钻石由碳（C）组成，矿物名称金刚石。数十亿年前在高温、极高压及还原环境（俗称一种缺氧的环境）中则结晶成珍贵的钻石（白色）。通常一颗一克拉的钻石，需要挖掘250吨钻石矿才能得到。

图2-4　钻石

出产钻石的国家主要有南非、博茨瓦纳、扎伊尔、俄罗斯及澳大利亚等。其中澳大利亚的产量最高，而南非的产值最高，这是因为南非生产的钻石宝石级比例较高。

顾客：你们公司所售钻石的产地在哪里？切工地在哪里？

销售人员：我们所售的钻石主要是由公司从世界各地收购回来的。这些钻石收集在一起，进行统一分级、销售，是不分其产地的。天然钻石的前面是无任何修饰定语的。若是南非钻石、俄罗斯钻石，像这些在钻石前面加上修饰定语的都属于赝品，即仿制品。所以钻石是不分产地的。而我们的切工基地在比利时，比利时切工也是优质切工的代名词。

钻石性质非常稳定，强酸、强碱都不能腐蚀，这也是钻石能成为高档宝石的一个优越条件。钻石象征着胜利、力量、勇气、权力、财富、永生、幸福、友谊、避凶、姻缘美满、青春永驻及美梦成真。

顾客：钻石为何在店里亮而在家便不亮了？

销售人员：钻石之所以这么亮那是因为钻石具有其他常见宝石没有的高色散和高折射率，正因如此，它赋予了钻石璀璨夺目的光彩。可是钻石本身不会发光，当外界的光越强，钻石便越亮，所以，不管在店里还是在家中，只要有光的地方钻石都是亮的，并且光线越强，钻石越亮。

顾客：钻石饰品佩戴的时间长了，为何钻石会不亮？

销售人员：钻石具有亲油疏水性。在平日的佩戴过程中很容易受到人体汗液、油渍的侵蚀以及外界灰尘的落入，致使其表面暂时失去原有的光泽，但只要在日常佩戴过程中稍加小心，经常进行清洗即可。若经常佩戴的话，建议您常到专卖店进行专业的超声波清洗或在家里用牙刷蘸稀释的肥皂水进行清洗。

顾客：钻石重量为何不标注在证书上？

销售人员：钻石饰品的证书均是由商家做成成品钻饰后再送去国家指定部门检测的，检测机构无法直接称量到钻石本身的重量，只能称到含金托的总重，因此钻石重量是不进行标注的。

顾客：钻石清洗后为何戒托不亮?

销售人员：对钻戒的清洗主要是清洗钻石的表面，让其不受灰尘、汗渍及油渍的沾染。清洗过后是使钻石变亮。对于镶嵌它的贵金属戒托是无法单凭清洗就能解决的。那是因为在平时的佩戴过程中会因长时间的磨损导致金子表面的铑磨没了，自然就会显露出本身的原有色。如果是铂金戒托您可以到我们店享受免费抛光的服务，抛光之后戒托就会和新的一样了。若是750白金戒托可通过电镀恢复原有光泽。

顾客：钻坠戴在胸前，身上出汗对它有影响吗?

销售人员：夏天是人体出汗较多的季节，人体的汗液虽然属于弱酸性，但对于钻石饰品来讲，是不会有影响的。首先，钻石搭配的金属是贵金属，不易受强酸、强碱腐蚀；其次，钻石是性质最稳定的宝石之一，如果长时间佩戴发现钻石失去光泽，表面模糊，主要原因是汗液中的油脂沾染了灰尘所致，只要清洗干净即可光亮如初。

顾客：男钻戒台面脱落如何处理?

销售人员：对不起，先生/小姐，给您添麻烦了，台面脱落现象很少发生，只有在受撞击时才会有。因为在制作男戒时，为使外型和内圈底部更美观，一般来说，台面和底托是分离的，在制作将完成时，会用激光机将台面与底托进行焊接，如果戒指在佩戴过程中受到外力作用时，台面脱落可能会出现，这样的话您也不必担心，只需进行激光焊接就可以了，不会影响日后佩戴。

顾客：钻石饰品寓意？

销售人员：钻石以其在自然界罕见的神奇、夺目光彩被誉为宝石之王。钻石是4月份的生辰石，象征纯洁、永恒、坚贞。戴比尔斯用不同的语言向世界各地传播着广为人知的广告词“钻石恒久远，一颗永留传”。是在祝愿着自己的爱情能像钻石一样恒久不变，生活永远幸福快乐。

顾客：钻石是否有辐射，对人体有无害？

销售人员：钻石的化学成分是碳，没有辐射，对人体是无害的。钻石已被国家检验认证为一种可以长期佩戴的饰品，因此可以放心购买和佩戴我公司的钻石饰品。

蒂芙尼（TIFFANY & CO.）

TIFFANY & CO.

Tiffany自1837年成立以来，一直将设计富有惊世之美的原创作品视为宗旨。事实也证明，Tiffany珠宝能将恋人的心声娓娓道来，而其独创的银器、文具和餐桌用具更是令人心驰神往。

经典设计是Tiffany作品的定义，也就是说，每件令人惊叹的完美杰作都可以世代相传，魅力永恒。Tiffany的设计从不迎合起起落落的流行时尚，因此也就不会落伍。它完全凌驾于潮流之上。

Tiffany的创作精髓和理念皆焕发出浓郁的美国特色：简约鲜明的线条诉说着冷静超然的明晰与令人心动神怡的优雅。和谐、比例与条理，在每一件Tiffany设计中自然地融合呈现。

利器019

认识有色宝石——翡翠

点石成金

翡翠作为有色宝石中的一种，可以说备受人们喜爱。珠宝销售人员必须熟练掌握翡翠的相关知识，才能在销售中为顾客推荐合适的产品。

知识长廊

翡翠是传统玉石种类之一，它的矿物名称为硬玉，是一种钠铝硅酸盐，硬度较高，能刻划玻璃，物理化学性质稳定。翡翠，从表面上讲，翡为红色，翠为绿色，因此顾名思义可以理解为翡翠的颜色主要包括红色和绿色两种，除此还有紫色、黄色、白色品种，现代人一般把含硬玉的玉石都叫成翡翠。

（1）A货翡翠是指未经人工优化处理的天然翡翠，其结构和颜色都是纯天然的。

（2）B货翡翠是指经漂白后又用聚合物填充稳固结构的翡翠，其结构松散，时间长了由于聚合物氧化会发黑变色，表面还会出现很多小蚀坑。

（3）C货翡翠是指经过人工处理、颜色和结构都发生变化的翡翠。

图2-5　珠宝展示

顾客： 翡翠饰品表面有裂纹是怎么回事？

销售人员： “纹”是翡翠在形成过程中，由于颜色的分布和结构的变化，在翡翠内部产生一些紧、疏、浓、淡不等的纹，称为色纹，也叫做生长纹，就像木材在生长中有木纹一样，不是质量上的原因，这是天然的现象，请您放心。

情景再现

顾客： 为何翡翠手镯佩戴了一段时间水头变干了？

销售人员： 翡翠饰品是很娇贵的，佩戴时也要用心呵护。如果佩戴方法得当，方式正确，应该不会出现水头变干的情况，会不会是您的感觉问题。您是从事何种职业的？如果您从事高温及化学工作，可能或多或少的会影响到您的饰品。不过不用担心，您可将饰品取下，放在水里浸泡几小时，同样我们还需要提醒您，在从事此工作时最好能将您的饰品取下。如果长时间不佩戴，也要定期将翡翠放入水里浸泡。

顾客： 翡翠手镯断裂后如何处理？

销售人员： 请您先不必着急，俗话说玉碎人平安。您可以进行翡翠包金业务的操作或者将每个截面雕刻成翠桥，但如果断裂面很多，可能就无法进行以上操作了。

利器020

熟知首饰技巧

点石成金

珠宝首饰与不同的脸型、不同的形体搭配都是有技巧的，珠宝销售人员要学会根据顾客的特点推荐合适的首饰。

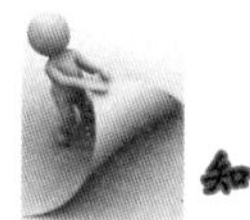

知识长廊

首饰的搭配是一门艺术，它不仅给人们的生活增添了无穷的乐趣和色彩，而且给人们带来一种精神上的享受。

一、首饰与脸型

首饰与脸型搭配，具体如表2-1所示。

表2-1 首饰与脸型

序号	脸型	搭配首饰	备注
1	椭圆型脸	（1）对耳饰选择随心所欲，要注意耳饰大小、造型、风格与发型、服装协调一致 （2）可选中等长度的项链，项链在颈上形成椭圆状，链上不要镶过多过大的宝石	
2	圆型脸	（1）佩戴菱形、长条形、花形几何形耳饰要使之紧贴脸庞，可佩戴垂珠式、泪珠形、长条状及大小不一，造型各异、轻巧、纤细的耳饰 （2）可佩戴粗细适中的长条形或三角形的有长度带坠子的项链	

续表

序号	脸型	搭配首饰	备注
3	长型脸	（1）可佩戴使脸加宽的纽扣形、圆式、短坠式耳饰，尽量选择精、美、明快、光彩夺目的耳饰 （2）应戴短而粗的项链	
4	方型脸	（1）可选择椭圆形、卵形、心形、花形不规则几何形、螺旋形耳饰 （2）可选长的、下垂弧大的项链	
5	三角型脸	（1）可选星点状或小巧的半圆珠状耳饰 （2）选择项链原则宜长不宜短，宜粗不宜细	
6	倒三角型脸（瓜子型）	（1）可佩戴奶滴形、吊钟形、扇形的上窄下宽的耳饰 （2）可佩戴细而短的圆珠状、马鞭状项链	
7	菱型脸	（1）应选择珠形、圆形、花形、椭圆形、扇形、叶形带坠子的耳饰 （2）佩戴项链以细为好	

特别提示

脸型与耳饰造型配合：方型脸配椭圆形耳饰；长型脸配圆耳饰；圆型脸配长条有棱角的耳饰；三角型脸配圆形贴耳式长条形耳饰；椭圆型脸可配任何耳饰。

二、首饰与形体

首饰与形体搭配，具体如表2-2所示。

表2-2　首饰与形体

序号	形体	搭配首饰	备注
1	消瘦型	宜佩戴粗而短的项链，耳饰、戒指、手镯要华丽，双耳可佩戴大耳环，腕可佩戴粗手镯	

续表

序号	形体	搭配首饰	备注
2	偏矮型	宜佩戴细长带坠项链，项链要简单、流畅、淡雅，戒指、手镯、耳饰要粗细适宜	
3	高壮型	淡化两侧，丰富中央。选择项链粗长方形、挂坠大而丰富、光彩夺目，手镯、戒指粗细适宜，镶嵌宝石碎小	
4	肥胖型	耳饰、戒指、手镯色调暗，造型简单、统一。项链、挂坠长而细，大而多姿，手镯宽而阔	
5	高瘦体型	适宜佩戴层叠式，富有图案结构的胸链，大而雅致的胸针，手镯、戒指以粗线条为主	
6	瘦小体型	佩戴小而简洁的首饰，不要将项链、耳饰、胸针、手链、腰带一起佩戴，应佩戴细不带坠子的项链	
7	偏肥胖、胸部肥大型	选带有长型链坠的长度较大的胸链	

宝格丽（Bvlgari）

BVLGARI

1881年，索里奥·宝格丽（Sotirio Bulgari）在意大利创立了宝格丽，以自己的姓氏来命名公司。创始人索里奥·宝格丽家族源自希腊，受到经典的希腊传统所影响。宝格丽的珠宝首饰体现了希腊与意大利古典风格，每一款首饰都经过设计师与工匠的精心雕琢。

作为一个顶尖品牌集团，宝格丽所囊括的产品不仅仅只有珠宝，更有腕表、香水以及饰品等，而宝格丽其所属的Bvlgari集团如今已经成为当今世界三大珠宝商之一。

如今BVLGARI已经成为好莱坞魅力的同义词，得到了从过去的好莱坞影星如索菲亚·罗兰、奥黛丽·赫本及伊丽莎白·泰勒到当代影星如莎朗·斯通、杨紫琼、珍妮弗·安妮斯顿、章子怡、张曼玉和妮可·基德曼等众多杰出女性的青睐。

利器021

首饰与服装、季节搭配

不同服装需要与不同的首饰搭配，不同季节对首饰搭配也有一定的要求，珠宝销售人员应根据顾客的特点来予以推荐。

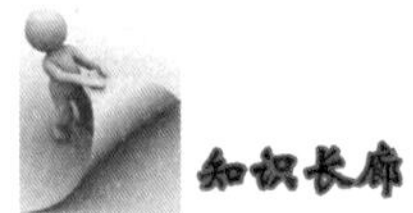

服饰搭配得美不美，并不在价格的高低，关键在于搭配得是否得体、和谐。

一、首饰与服装搭配

1. 首饰与服装面料

丝绸、软缎、纱类适合佩戴贵重或精致的首饰；钩织露透式服装适合金丝编织或雕琢透露式的金丝项链、绳索式手链、雕花戒指；与白纱搭配的首饰是白金镶珍珠钻石首饰；婚纱与碎钻衬托珍珠；象呢、羊绒料与造型规则的金银首饰搭配；羊毛衫、棒线衫与珍珠项链，K金、紫晶、虎睛石、玛瑙串珠型胸链搭配；裘皮大衣与黄金、钻石搭配。

2. 四季服装变幻，首饰佩戴应随之变化

春季服装轻巧细柔、多姿多彩，首饰应活泼明朗、轻快；夏季面料轻柔，首饰应造型简洁、小巧玲珑、镂雕工艺；秋季服装柔和简洁，首饰应造型稳重；冬季服装多为暖色，扩张感强，首饰应浓艳鲜明、大而繁。

3. 首饰与服装色彩

（1）服装色彩与首饰搭配原则：和谐统一，服装为主体色彩，首饰为点缀色

彩，首饰色彩要服从服装色彩，起画龙点睛的作用。

（2）各色服装与首饰色彩的最佳搭配方式：单色或素色的服装应佩戴色泽明艳的首饰；色彩鲜艳的服装应佩戴简洁、单纯的首饰。

（3）首饰与服装协调与对比的色彩搭配效应：和谐统一。

（4）首饰与服装色彩搭配创造整体美：高领或无开口衣服可将项链佩戴在衣服之外；无领或低开胸衣服将项链、珠串首饰佩戴在衣服之内。

4. 首饰与服装款式

首饰能对服装款式产生提示、浓缩的作用，增加服饰艺术的节奏感与音律感。

（1）礼服装首饰佩戴：质地高档，造型精巧、细腻、华丽。豪华、热闹的场合可选钻石、红宝石、祖母绿、蓝宝石、翡翠、猫眼、珍珠的精细加工套件首饰。

（2）职业装首饰佩戴：佩戴首饰可选粗犷豪放型或典雅细腻型。

（3）便装的首饰佩戴：佩戴首饰有自由性与随意性。棉质便装可选一串随意珠链；钩织或网状露透式便装可佩戴水晶、琥珀或金丝项链。

图2-6 珠宝展示

二、首饰与季节搭配

1. 春季首饰

可选首饰颜色为象牙色、黄绿色、绿色、灰黄色、浅紫色。可选宝石为欧泊、绿宝石、翡翠、孔雀石、托帕石、芙蓉石。首饰造型以动、植物为主，镶嵌珍珠、钻石套饰首饰。

2. 夏季首饰

可选首饰颜色为浅紫、粉蓝、浅蓝、晚樱红、葡萄红、玫瑰黄和兰花色。可选宝石为钻石、蓝宝石、绿宝石、紫晶、珍珠。首饰造型爽朗、简洁，为简单几何图形、流线型，小巧精致、色泽淡雅。

3. 秋季首饰

可选首饰颜色为金黄、橄榄、浓绿色。可选宝石为欧泊、黄玉、琥珀、玛瑙、青金石。首饰造型以装饰性强带有厚重感的植物造型如镶嵌珠宝的葫芦形耳饰及葡萄串形胸饰及用K金制成精致、逼真的沙网状或中空植物状耳坠首饰。最适合佩戴套件首饰。

4. 冬季首饰

可选纯白、全黑冷色调或大红、正绿暖色调。选择宝石晶莹剔透、色彩斑斓，像托帕石、橄榄石、紫晶、玛瑙、绿松石、红宝石、月光石。首饰造型要丰富、饱满，有一定体积和厚重感。

宝诗龙（Boucheron）

Boucheron是法国GUCCI集团的珠宝公司，1858年，年仅28岁的设计师Boucheron创立了自己的品牌，并在巴黎最时尚的皇家宫殿区开设精品店，设计了许多贵重的珠宝首饰、腕表和香水。

BOUCHERON
PARIS

21世纪，Boucheron坚持品牌独特的传统内涵，成为大胆奢华的现代珠宝首饰的代名词。

1893年，Boucheron迁往巴黎的凡登广场，成为首先在此地开业的珠宝品牌之一，店址所在的广场26号曾是法兰西第二帝国名媛Castiglione伯爵夫人的宅邸。Boucheron是世界上为数不多的始终保持高级珠宝和腕表精湛的制作工艺和传统风格的珠宝商之一。

利器022

熟悉珠宝制作工艺

珠宝工艺具体有哪些内容呢？作为珠宝销售人员必须熟悉珠宝工艺，然后根据不同工艺特点向顾客介绍珠宝。

知识长廊

珠宝的制作工艺有很多种，具体如下所示。

一、拉砂

拉砂指在工件抛光亮后，在指定部位用规定型号的砂纸拉出亚光拉痕的效果，做出一种肌理。

情景再现

销售人员：这款戒指采用的是拉砂处理工艺。

顾客：拉砂工艺，是怎么回事儿？

销售人员：拉砂就是运用特殊工艺手段，使用戒臂表面产生拉痕等肌理效果，使产品充满质感，有效地表达出整体设计思路和灵感元素。

二、喷砂

喷砂指在工件抛光亮后，在指定部位喷上规定的型号砂，用喷砂嘴对准工件指定位置喷均匀，使之呈现雾面亚光效果，层次分明，错落有致，三维效果明显。

销售人员： 这款项链采用的是喷砂处理工艺。

顾客： 喷砂工艺，是怎么回事儿？

销售人员： 喷砂工艺是将金属首饰件，按设计要求局部喷砂面，使金属首饰的抛光面形成鲜明对比，来增强首饰的线条艺术美感。喷砂工艺分干砂和水砂两种。该工艺能增强产品的视觉效果，让产品的立体感增强。

三、勾丝

勾丝与拉砂的原理一样，是在工件的表面用勾丝刀勾画出拉丝线条，使之呈现线条状肌理效果。

销售人员： 这款项链采用的是勾丝处理工艺。

顾客： 勾丝工艺，是怎么回事儿？

销售人员： 采用勾丝工艺能有效增加产品艺术形式的多样性，准确表达创做灵感。运用精湛的工艺手段，完美再现大自然中粗犷的艺术线条，灵性的肌理效果倍增首饰的观赏性。

四、分色电金

分色电金又称分色电镀、多色电镀、电分色、电金分色，是指同一饰品含有两种及以上颜色覆层（镀层）的一种首饰表面处理技术。多用于K金首饰上，在首饰表面电镀不同颜色，清晰表达出首饰的创作意图，增加其美观和艺术效果。

五、辘珠边

辘珠边是指在工件上指定的位置，经滚压形成珠状金边，起到修饰作用，看起来更加古朴美观。

图2-7 辘珠边

销售人员：这款手链采用的是辘珠边处理工艺。

顾客：辘珠边工艺，有什么效果呢？

销售人员：正如您看到的这款手链，珠状金边奢华而大气，与钻石相互辉映，无论是视觉还是触觉都极具艺术效果。让手链呈现一种含蓄而经典的古典美，与颇具后现代风格的明亮钻石交相辉映。

六、锤仔纹

由具备多年手工经验的师傅或精密机械，在首饰表面均匀"砸"出坑状，如同用锤子砸的效果一样。

顾客：怎么这款戒指上面有这么多的"坑"啊？

销售人员：小姐您真有眼光，这个"坑"可是要具备多年手工经验的师傅精心打造才能完成的，强调精致细腻的手工效果，是首饰中的稀罕之物。您看这些如同用锤子砸出的小坑布满整个戒指表面，体现出艺术效果，增强了感染力。

七、激光字印

用激光机器在首饰上打上特殊的印记或各种图案LOGO等。精准度高，图案或数字很清晰，清晰表达出产品的诉求。

顾客： 我是否可以订制一款我自己的LOGO对戒呢？

销售人员： 当然可以，请您将您的LOGO图案给我们，然后我们会请最专业的师傅为您制作，保证您的对戒是世界上独一无二的。

八、烤漆

利用专用设备把调和好的有机树脂涂到指定位置，每上一遍漆，都送入无尘衡温烤房烘烤，使棱角光滑、颜色相同。用硬物击打或刻划，一般不会出现漆膜损坏或其他异常情况，佩戴时间长。

情景再现

顾客： 这个耳环的烤漆戴久了会不会掉呢？

销售人员： 这个请您放心，我们的品质是绝对保证的。烤漆将各色有机树脂漆通过技术手段烘焙到耳环特定位置，更加体现耳环款式特点、设计灵感、流行元素等。您看这个烤漆颜色鲜亮，时尚大气，能充分体现主题灵魂和佩戴者的时尚品位。

九、内弧

戒圈内在加工执模时根据人体生理学特征，精确考量手指的弧度及皮肤的生理特点，挫成弧面的形状，使佩戴更加舒适。

顾客： 这个戒指有点紧，会不会很难受？

销售人员： 您看，我们采用的内弧工艺，将戒臂内弧设计成贴合人体手指特点的弧线，佩戴起来十分舒适，能与皮肤很好地贴合，您完全不用担心。

十、微镶

微镶技术是一种在镶嵌工艺中要求比较高、相对复杂的一种镶法，它又称之为微钉镶。这种镶法的钉看上去非常细小，通常需要借助放大镜来观察，石头镶上后有一种浮着的感觉，是一种能够极好地体现钻石光彩的方法。

图2-8　微镶

顾客： 这些钻石这么小，是怎么镶上去的呢？

销售人员： 这个专业的术语称为“微镶”，微镶工艺是在显微镜下操作完成的，包括下排石位、铲边、开钉、抛镶口、镶石、抛爪头六个步骤。镶嵌后整体平滑顺畅，不刮手。

顾客： 整个制作过程这么精细？难怪看起来如此精致。

销售人员： 是的，您看这是见石不见金，充分展露小钻石光芒，固定宝石的金属爪子很细小，大小很均匀且牢固,大大展现宝石在首饰上的光芒闪烁的特性，同时大大提高了首饰的档次。

十一、爪镶

较大粒的钻石为了牢固，有时会采用两小爪并成一爪的方式，称为并爪镶。爪镶是用较长的金属爪（柱）紧紧扣住钻石，最大的优点就是金属很少遮挡钻石，使钻石的光芒展露无遗，可以从各个角度观赏。

图2-9　爪镶

销售人员：爪镶属于钻石镶嵌中的经典镶法，充分展示出钻石火彩，属于婚戒常用的镶石方法，爪镶款流畅光洁，款式经典而时尚，戒圈比较光滑舒适，适合佩戴。

十二、抹镶

抹镶，又称藏镶，是把钻石镶嵌在金属较厚或面积较大之部分，钻石的亭部不会外露，是一种非常稳固和持久的镶嵌方法。由于这种镶嵌法没有爪子，令饰件看起来平滑干净，特别适合日常佩戴。

将钻石的光芒敛藏于金属中，增加产品的神秘感，另外钻石牢固，不用担心掉石的情况发生，整体感觉中性，能充分表达设计灵感。

十三、光环镶

光环镶又称“七星盘钻”，是一种无边镶嵌钻石的工艺，去除了传统的金属托爪，利用群钻与金属边缘的互相压力将7颗同大小、颜色、净度、切工的钻石，天衣无缝地镶嵌在同一个平面上，远远看去如一颗闪烁着更多耀眼光芒的完美大钻。

顾客：这几颗钻石看起来就像一颗大钻。

销售人员：是的，这是采用光环镶的工艺，小钻围绕大钻，既达到镶嵌的目的，又能让数颗钻石互相辉映、光彩熠熠。

十四、包镶

包镶也称为包边镶，它是用金属边将宝石四周都圈住的一种工艺，多用于一些较大的宝石，特别是拱面的宝石，因为较大的拱面宝石用爪镶工艺不容易将其扣牢，而且长爪又影响整体美观。

情景再现

图2-10 包镶

顾客：这个拱面的宝石会不会脱落呀？

销售人员：这个您完全可以放心，这是采用包镶的工艺，用金属边把钻石的腰部以下封在金属托（架）之内，用贵金属的坚固性防止钻石脱落。这是一种最牢固也最传统的镶嵌方式，它展现了钻石的亮光，光彩内敛，有平和端庄的气质。

十五、轨道镶

轨道镶又称为夹镶，是在镶口侧边车出槽位，将宝石放进槽位中并打压牢固的一种镶嵌方法。高档首饰的副石镶嵌常用此法。

轨道镶是一种先在贵金属托架上车出沟槽，然后把钻石夹进槽沟之中的方法。轨道镶法适用于相同直径的钻石，一颗接一颗地连续镶嵌于轨道之中，利用两边金属承托钻石，这种镶嵌法可令饰件的表面看起来平滑。

图2-11 轨道镶

十六、逼镶（壁镶）

利用金属的张力固定钻石的腰部或者腰部与底尖的部分，是时下较为新潮的款式。钻石的裸露比爪镶更进步，所以更利于闪烁炯炯的光辉。

该镶法充分让钻石解放出来，远观如悬于两道山崖间的闪亮巨石，艺术感明显增强。从而让产品充满质感和艺术效果。

十七、批花/批假石

批花/批假石指在工件表面上指定的位置选用辅助工具批出按顾客要求的各式

各样的花纹及批出跟钻石表面形状一致的假石面，使工件更加美观。

该工艺手段能尽情展现设计灵感，充分表达设计者所要表达的意图，在首饰面上增加多种艺术表达方式，丰富首饰的样式。

销售人员：这款吊坠是最畅销的产品，这个价位特别合适。

销售人员：这几件是本店新到的款式，您请看看。

销售人员：这几款是经典的结婚对戒，您可以试试看。

销售人员：这种款式非常适合您。

销售人员：您的品位真不错，这是本季最流行的款式。您不妨试试看。

销售人员：本店销售的珠宝首饰全是真货，假一赔二十。

销售人员：本店有上百种款式，只要您耐心挑选，一定会有一款适合您。

情景再现

销售人员：如果您不佩戴时，请将这件首饰单独放置，不要与其他首饰堆放在一起。

顾客：为什么？

销售人员：因为钻石的硬度非常硬，比红蓝宝石硬140倍，比水晶硬1000倍，如果堆放在一起就会损坏其他宝石。

利器023

珠宝陈列吸引顾客

点石成金

珠宝陈列是一种展示艺术，它通过艺术手法，将商品的造型、款式、质感等特点以最直接的方式传递给消费者，从而起到吸引和指导消费的功能。

作为负责陈列的销售人员要了解和熟悉首饰的性质、功能和所包含的意义，这样在陈列的过程中才能更好地表现每一件商品，并将商品进行组合搭配陈列，以平衡顾客选购的心理。

知识长廊

珠宝陈列除了陈列的基础要素（易选取、提高新鲜度、提高价值、引人注目等）外，从陈列的整体考虑，还有更重要的功能要素，包括主题、焦点、平衡、比例、构成、色彩、空间规划、共识惯例、重复效应、容量企划和序列化及人体工程学等其他一些原理。

一、主题

从整个陈列效果中，可以让顾客感觉到一个品牌的风格、产品定位及市场定位等。主题应随节日、促销活动的变化而变化。在节日变化时，从整个陈列效果中能让顾客很清楚地知道节日的主推广以及主推品类；在不同的促销活动，能使顾客很清楚地知道本次促销活动的具体内容。

二、卖场规划

（1）高人流。高目视率，适合放置热销产品，新品推荐，节日推广陈品。

（2）中人流。中目视率，适合放置常年销售的商品，如吊坠、戒指。

（3）低人流。低目视率，适合放置购买力稍弱的商品，如手镯、手链。

三、柜台焦点

（1）最易看到的位置。陈列一些具代表性、豪华夸张的商品，以及能体现实力的商品。

（2）容易看到的位置。黄金陈列空间，陈列一些有特色、高利润的商品。

（3）可以看到的位置。陈列一些销售稳定、常备商品。

四、橱窗展示

1. 考虑顾客的视线

人们在看到东西的时候，会很自然地由上往下看。因此，要抓住视觉焦点，以捕捉顾客的视线。明确展示商品，一定要让顾客明白首饰的款式设计、材质、佩戴感觉。

2. 简单构成

在橱窗空间中首饰的数量不要太多，种类和色彩的配合不要太繁杂，要简单构成，把视线集中在想被看见的商品上，才具有说服力。

空白的重要性，要使首饰在众多的珠宝中脱颖而出。适当的空白很重要，因为空白可以把其他的东西隔断，使视线集中于要突出的珠宝上。

图2-12　珠宝陈列（一）（二）

五、色彩

有序的色彩主题能给整个专场以主题鲜明、井然有序的视觉效果和强烈的冲击力。陈列中较多运用色彩统一设定焦点或营造产品陈列的平衡效果，使顾客产生律动、协调和层次感，并轻易锁定目标商品。由此，要了解色彩的基础构成，知道珠宝与道具色彩搭配的原理。

1. 色彩基础构成

（1）色相指色彩的相貌的名称，例如：红、橙、黄、绿、青、蓝、紫等。色相与色彩强弱及明暗没有关系，只是纯粹表示色彩相貌的差异。

（2）明度指色彩的明亮程度，不同的颜色反射的光量强弱不一，因而产生不同程度的明暗。

（3）纯度指色彩的纯净程度，亦是色的饱和度。

2. 珠宝与道具色彩搭配

（1）钻石首饰。

在大多数卖场里，钻石首饰都占据着最主要的位置，所以用来烘托钻石首饰的道具首先应当是黑色，它能最好地突显钻石的光芒，但黑色不能大面积地运用，运用得不好就会影响品牌形象及品位。其次是米白色，在面料上适合采用吸光性好、不反光的材料，这样可以把亮点充分聚焦在钻石的璀璨光芒上。

（2）黄金首饰。

通常选用色调温和、质感柔软、亚光的绒料更能反衬黄金的光芒耀眼。在国内，多选用红色绒布，根据人们的传统感受，红色喜庆，并能衬托出黄金的幽雅贵气特质。

（3）翡翠等玉石。

一般用黑色或白色的绒布打底，玉石不适合在太耀眼的灯光下欣赏，需要一种温和的环境，暖光等比白炽灯效果要好得多。道具的颜色要突出凝重、古朴、大器，粉色、淡紫色、蓝色、绿色及一些偏暖色的过渡色不宜使用。

六、平衡

符合人们的心理取向，引致视觉上的和谐舒展、稳定有序和简洁明了，采用平衡的原则可有条不紊地布置商品，传递一致性的视觉效果。平衡原则贯穿在整个陈列组合过程中，但应注意产品系列关联性。

七、珠宝陈列方式

珠宝销售人员必须了解珠宝陈列的各种方式。一般包括梯级与线条陈列法和三角陈列法。

图2-13 三角陈列法（一）（二）

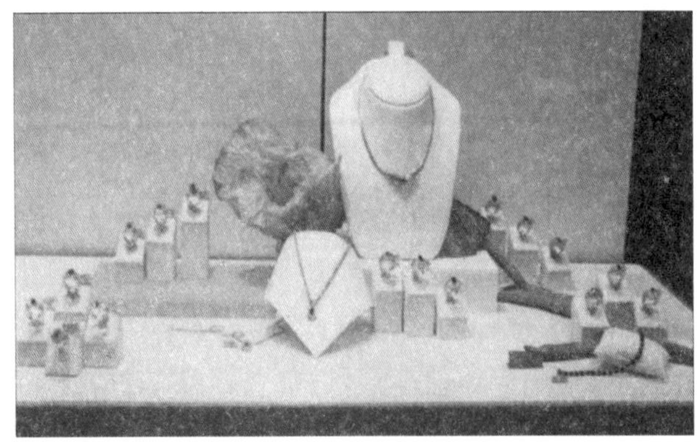

图2-14 三角陈列法（三）

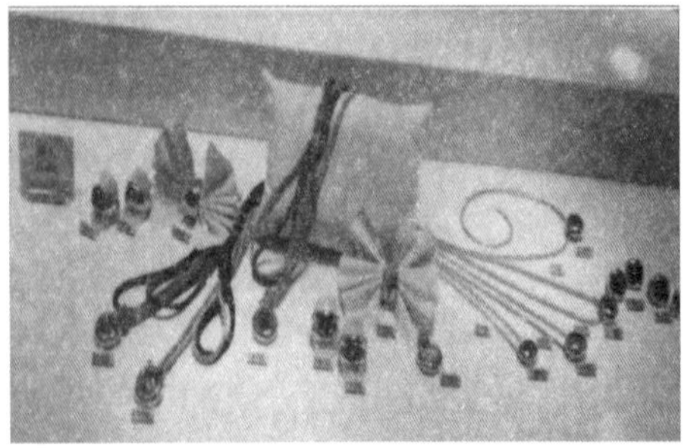

图2-15 梯级与线条陈列法（一）（二）

利器024

展示并请顾客佩戴

点石成金

展示是有方法和技巧的，并不是单纯地把货品拿出来，而是通过销售人员自身的动作来起到刺激顾客更加注意商品的环节上，专注于自己的选择。

知识长廊

在珠宝首饰陈列的原则里，要使每一款珠宝首饰都能展示其独特的魅力，让顾客感受到商品的美丽、璀璨。

一、普通展示

直接用手将货品拿出来给顾客看，并介绍该件商品的特点。

二、专业展示

（1）佩戴白手套。

（2）使用托盘、白毛巾展示饰品。

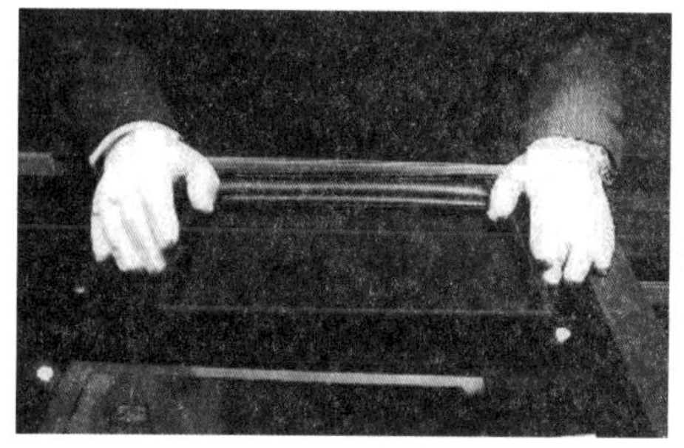

图2-16　佩戴白手套

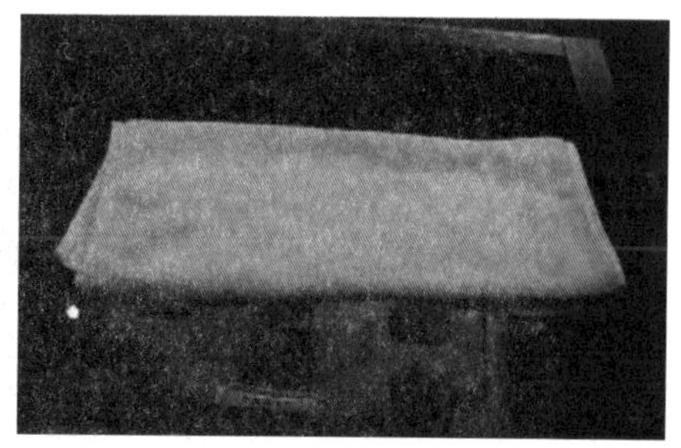

图2-17　白毛巾

(3) 推荐与顾客相适应的首饰，如准确判断顾客佩戴饰品的手寸等。

(4) 使用正确的姿势进行佩戴。

(5) 赞美顾客试戴的效果。

同样都是展示货品，但是专业的展示会让顾客更加信赖。

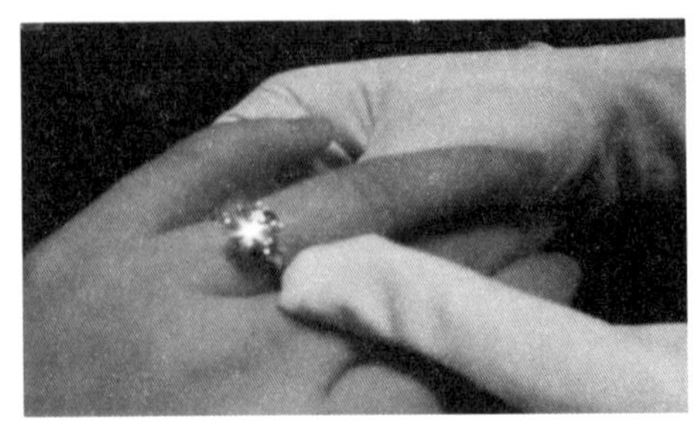

图2-18 佩戴戒指

销售人员：可以试戴一下，看看戴在身上的效果如何，我看这款挺衬您今天的装扮。

顾客：我不戴，我比一下就可以。

销售人员：没关系，小姐，这样吧，我戴给您看，首饰贴近肤色的效果才是最好的。

御木本（MIKIMOTO）

1893年，日本珍珠之父御木本幸吉培育出第一颗完美的珍珠，进而创立了MIKIMOTO。

1924年，日本皇室指定御木本为御用首饰店，不只是日本，连英国皇室与贵族皆是它的受用者，多次重要的典礼场合，他们的后冠及饰品均由御木本（MIKIMOTO）提供。

1893年，第一颗养殖珍珠在日本“诞生”，虽然就形状而言，半圆形的珍珠称不上完美，却是人工繁殖珍珠迈出成功的第一步。12年后，完美的球形珍珠终于现身，这项连发明大王爱迪生都承认在实验室做不出的东西，背后的“发明者”，正是拥有“养殖珍珠之父”称号的御木本幸吉。

利器025

掌握珠宝佩戴技巧

点石成金

珠宝的佩戴是需要技巧的，不同的首饰有不同的佩戴方法，正确地佩戴不仅能证明销售人员专业和娴熟的职业技能，而且还可以减少不必要的损坏，延长首饰的寿命。佩戴失误不仅损坏商品，更重要的是造成对顾客的心理的影响。

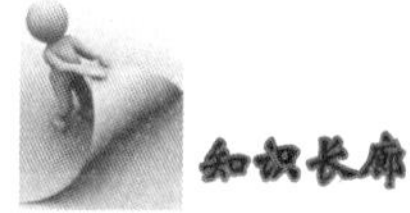

知识长廊

一、项链

先拿起一端，另一端放开，待其自然顺直后再拿起另一端，避免项链的弯拧和错位，介绍各种扣子的功能。

图2-19 项链

二、戒指

分为男戒和女戒的佩戴，一般佩戴容易摘取难。先用一只手将戴戒指的手指的皮肤向后拉并抓紧，另一只手捏住戒指，在戴戒指的手指肚的位置向上顶，顺势往下取，这样能够比较顺利地取下戒指，如果是足金和千足金要注意不可用力太大，镶嵌女戒指不可以在镶嵌处用力。学会量指圈和观察顾客手指的形状。

顾客：我的手皮肤不是很好。

销售人员：这款戒指我戴上显得手比较瘦，衬托不起来，不如您佩戴显得富贵。

销售人员：这个您戴上更加显得干练、精神，不像我戴上反而显得手胖了。

三、耳钉

将后面的耳背夹紧，耳针长的最好在后面再加一个胶塞，防止脱落。

顾客：这个耳背为何会松？

销售人员：由于耳背用金量少，佩戴时经常上、下易变形，如果发现耳背松了，将耳背的圆环两头向中间捏紧就可以了，同时提醒您要定期对您的耳背进行检查，确保饰品的安全性！

图2-20　耳钉

四、手镯

黄金空心手镯佩戴需要用力的地方只能是接口的位置，切记不可以使用捏、按、拽等用力的动作。金属手镯或者是可以打开的手镯在合拢时注意下接口的轴容易夹到试带者的皮肤，应该用手轻按住再合拢手镯。

图2-21　黄金手镯

翡翠手镯的佩戴和拿取就更加讲究了，首先是量取并判断能否佩戴，然后佩戴，摘取也是一样的道理。不同的首饰佩戴所体现出来的是训练有素的销售人员的素质和职业技能，需要通过长期的训练才可以熟练地掌握。

图2-22　翡翠手镯

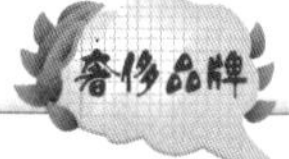

格拉夫（GRAFF）

GRAFF的钻石珠宝是世界上绝无仅有的，钻石品质、设计、工艺均是顶级的。在高级定制珠宝这个绝对奢侈的钻石级的珠宝品项里，GRAFF就是钻石中的钻石。

独一无二以及绝对的高品质是GRAFF珠宝的主要特征。在纽约和伦敦，GRAFF拥有自己的切割、打磨工厂以及镶嵌工作室，所有的GRAFF首饰都是自己工作室的出品。在GRAFF，参观者还可以目睹明星钻石珠宝诞生的过程。

从极富创造力的设计到完美的镶嵌工艺，每一件都需要众多技师数百小时的精心雕琢。精良的金属和钻石被精心契合在一起演化成为一件件精美绝伦的耳环、项链或手镯，它们带给佩戴者的将是高贵灵动的感受，以及一场场视觉的盛宴。

利器026

适时处理顾客异议

点石成金

由于珠宝首饰价值相对较高，对于顾客来讲是一项较大的开支。因此，往往在最后的成交前犹豫不决，甚至会暂时放置，一句“再转转看看”而可能一去不回。

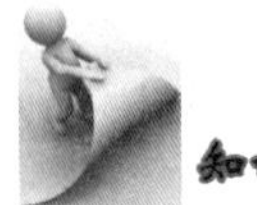

知识长廊

顾客可能提出的异议有多种，珠宝销售人员只有通过分析、明确顾客异议的类型，才能够“对症下药”。

一、价格异议

价格异议是所有销售中最常见的异议。因为顾客的总需求总是物超所值。一般来说，顾客在接触到商品后，都会询问其价格，因为价格与顾客的切身利益密切相关，所以对商品的价格最为敏感，即使商品的定价比较合理，顾客仍会抱怨，在顾客看来，讨价还价是天经地义的事。

因此，珠宝销售人员应把握机会，可在自己的权限内适当降价，或从商品的材料、工艺、售后服务等方面来证明其价格的合理性，说服顾客接受其价格。一分钱一分货，其实一点也不贵。

用与同类商品进行比较的方法消除顾客对价格的异议。通过赞美让顾客不得不为面子而掏腰包，顾客在面对强大的赞美攻略时，价格异议往往就难以说出了。

特别提示

顾客提出价格方面的异议，也是顾客对该商品感兴趣的一种信号，说明顾客对商品的其他方面，如性能、质量、款式等比较满意。

销售人员：就这款吧，给您开票了？

销售人员：这两款都非常符合您的要求，我建议您不妨选这款……

二、产品异议

顾客对珠宝首饰的某些方面不感兴趣或认为不能提供使其满意的珠宝首饰，或有些顾客只是要某一特定系列的单个品牌的珠宝首饰时，就会提出这类异议。

当顾客认识到珠宝首饰的特点或整个珠宝首饰的特性时，提出的异议通常是这样的：这种款式是不错，但我喜欢更有价值、更有品位的首饰，我不喜欢这个品牌等。

销售人员：我觉得这一款钻石吊坠真的非常适合您，您可以想象佩戴在身上的感觉，一定很好，而且很高贵。您可以对比一下其他款，我觉得还是这款适合您，另外，我们有完善的售后服务政策，你可以不必有这方面的顾虑。

销售人员：这款式样新颖美观，是今年最流行的款式，您戴上一定很漂亮。我们这几天才上的货，今天只剩下两套了。

图2-23　珠宝展示

三、时间异议

顾客在没有立即相信珠宝首饰的价值时往往会采取这种退一步的方法，不立即做出购买决定。这类异议通常的表现是：我要同人商量一下，过几天再来看看，能给我留份说明书，我回家考虑考虑再告诉你等。

一般来说，顾客对时间提出的异议都是针对珠宝首饰本身提出的问题，这时珠宝销售人员要认真了解顾客产生时间异议的原因，并及时把造成顾客犹豫不决的原因排除掉。

四、来源异议

提出这类异议的顾客通常比较关心珠宝首饰的产地、珠宝销售人员所在的公司等，比如：你是哪家公司的？公司有多大？我从未听说过这家公司等常见的异议方式。这类异议常常针对性很强，较难回答。

五、服务异议

对于许多顾客来说，售后服务与珠宝首饰质量同样重要。常见的异议包括维修、清洁保养、送货和服务费用等。

六、需求异议

潜在顾客有时只是单纯地认为他们不需要某些商品，或是在某段时间内不需要。这类异议的表现是：我不需要大件的红宝石首饰，我对这种款式不感兴趣等。这时珠宝销售人员要善于察言观色及时地调整销售策略，向顾客推荐一些能马上激起顾客兴趣的首饰。

顾客：我现在没有办法决定买这款，我要回去和我家人商量一下。

销售人员：先生，我非常理解您的心情，您担心您买了之后您的爱人会不喜欢，但是您要知道，您为您爱人亲自选了一款钻石吊坠，可以给您爱人以惊喜，她心里肯定会喜欢的，况且这款的确不错。

七、支付能力异议

这种异议指顾客由于不愿意购买而提出的反对意见，经常间接地表现为质量方面的异议或进货渠道方面的异议等。

珠宝销售人员应善于识别顾客这方面的异议，一旦觉察顾客确实存在支付能力不足的情况，就应该停止销售，但态度要和蔼，以免失去其成为未来顾客的机会。珠宝销售人员也可以因势利导，为顾客提供价格低一些的珠宝首饰，并向顾客说明这种珠宝首饰的价值，使顾客产生其他购买意愿。

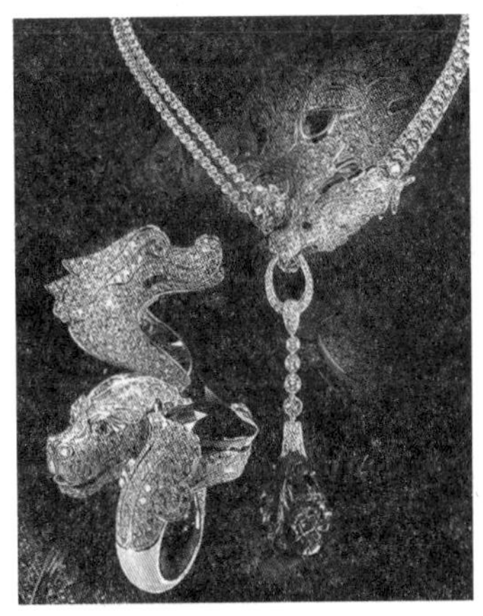

图2-24　珠宝展示

利器027

为顾客介绍保养知识

点石成金

珠宝销售人员在整个销售过程中，要准确回答顾客关于首饰保养的一些知识，或者是主动为顾客介绍首饰保养知识。

知识长廊

不论是黄金首饰还是珠宝首饰，都需要精心保养和定期清洁，以保持其光泽亮丽和完整无缺。

一、防止破损

虽然大部分宝石是比较硬的物质，但宝石存在诸如解理、裂理等结构缺陷，强力的碰撞较易使之遭遇破损。因此，保护珠宝饰品主要的是防止硬物或者外力的撞击。

情景再现

顾客：为什么饰品会断裂？

销售人员：各种金属都有它的硬度，饰品通常来说是不会轻易断裂的，只有当外力作用超过了这种金属特定承受范围，受到挤压、拉扯、扭曲时饰品才可能断裂。

顾客：紫晶饰品佩戴后会不会褪色?

销售人员：紫晶是比较娇贵的宝石，只要佩戴方法正确是不会出现褪色现象的，您在佩戴过程中要避免宝石长期处于太阳的直射或曝晒之下，避免高温和辐射，同时可定期将饰品拿到专卖店进行专业的清洗和保养。

二、经常清洗

1. 清洁剂清洗法

先将宝石浸在一小盘加了清洁剂的温水中，之后用软布或者软毛刷轻轻刷洗宝石，再将宝石放在滤网上用温水冲刷，最后用布吸干水份。

2. 冷水浸法

用半杯家庭用的亚摩尼亚水或者火酒，加入同容积的清水，将宝石浸在溶液中轻轻搅动，取出来后用纸张把水吸干便可。亚摩尼亚水还会使金属戒托（特别是黄金）越发光亮，火酒的长处则是挥发快，从而在宝石表面上不留水滴。

3. 快速浸洗法

购买一套宝石清洗液，依照仿单洗净宝石，此法最宜接纳。

4. 超声波清洗

用专门的超声波清洗仪，简便易操作，家庭可置办小型的清洗仪，或者送购买处或者其他专业机构清洗。

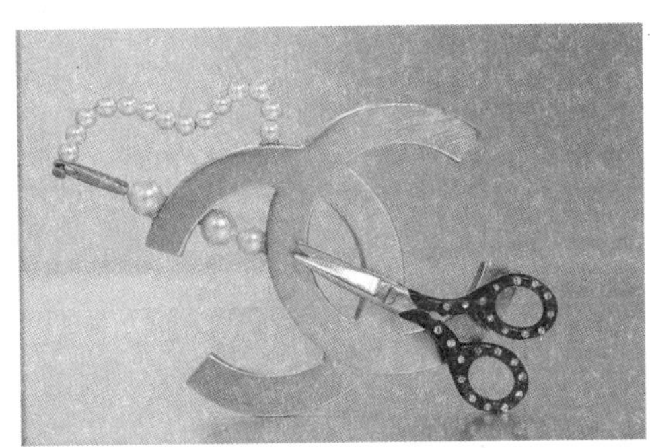

图2-25　珠宝展示

三、及时维修

珠宝首饰出现损坏等情况，顾客可以送到首饰店或者加工场进行重新加工或者修补。

顾客： 刚买的红、蓝宝石饰品为何会有瑕疵？

销售人员： 每种天然的宝石都会有内含物，就比如大树的年轮一样，红、蓝宝石中也有条纹形的色带，这并不是瑕疵，这是区分宝石是否是天然的重要标志。请您不要担心，同时还需要提醒您，定期将您的饰品拿到我们专卖店进行专业的保养。

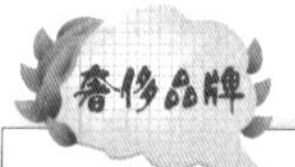

梵克雅宝（VanCleef & Arpels）

Van Cleef & Arpels

1896年，荷兰宝石商人的女儿艾斯特尔雅宝（Estelle Arpels）与同样来自荷兰、承继宝石雕刻家族生意的阿尔弗莱德梵克（Alfred Van Cleef）于巴黎共偕连理。

梵克雅宝自其诞生之日起便一直是世界各国贵族和名流雅士所特别钟爱的顶级珠宝品牌。伊丽莎白・泰勒、索菲亚・罗兰、奥戴利・赫本、莎朗・斯通、茱利亚・罗伯茨，包括已经逝去的戴安娜等，都是它的忠实顾客。

梵克雅宝被视为凡顿广场珠宝界的先驱者之一，此成就得归功于创立者坚信自己的直觉，以及坚持实践因两个家族融合而激发的梦想，使彼此间的独特情感与友情细细酝酿，令梵克雅宝展现永垂不朽的百年风范。这就是品牌独具一格的精神所在。

第三章 美妆护肤

追求美丽是人类的一种本能意识。测试表明，一个3个月大的婴儿，面对“漂亮”的成人脸蛋会笑得更长久。人们追求美丽的最根本目的，主要还是为了更加成功地吸引异性。几乎所有男士都将“女子具有美丽的容颜”作为择偶的重要标准。

心理学家南茜·爱克芙（Nancy Etcoff）经大量研究，得出结论：“美丽的相貌是女人最有用的资本，漂亮的女人更容易获得良好的社会地位、金钱和爱情，社会生活各方面的优势也会更加明显。”

利器028

利用故事感动顾客

作为奢侈品销售人员，必须对自己所销售商品的品牌了如指掌，在为顾客介绍商品时，可以侃侃而谈，让顾客感受到你对品牌的热情，从而用你的热情感染顾客。

图3-1　化妆品专柜

在这里，列举一些奢侈化妆品品牌，简要介绍其品牌故事。

顾客： 雅诗兰黛的创始人雅诗兰黛女士就是一个传奇女性，她可是我崇拜的偶像。

销售人员： 是吗？那您一定是雅诗兰黛的忠实顾客了，我也为自己能在雅诗兰黛工作而感到自豪。雅诗兰黛能带给您最温和也是最有效的产品。

1946年，雅诗兰黛女士创立雅诗兰黛公司，她深信每位女性都能变得美丽动人。1962年，雅诗兰黛夫人开始选用模特为产品代言，超级名模凯伦·葛芮翰（Karen Graham）、薇露·贝尔（Willow Bay）、宝琳娜·波罗兹科瓦（Paulina Porizkova）、斯坦丝·嘉布隆斯基（Constance Jablonski）、刘雯（Liu Wen）、希拉里·罗达（Hillary Rhoda）、伊丽莎白·赫莉（Elizabeth Hurley）与卡罗琳·莫菲（Carolyn Murphy）均为雅诗兰黛的代言人。您用我们雅诗兰黛的护肤品，也一定会成为世界上最美丽的女人！

情景再现

销售人员： 兰蔻于1935年诞生于法国，我们以玫瑰花为标志的品牌现在已经成为全法国第一和全世界第二的世界知名化妆品牌，创始人阿芒·珀蒂让先生得以让全球女性分享兰蔻优雅且高贵的气质。您的气质如此优雅高贵，我们的产品就像是为您量身定做的。

情景再现

销售人员： 迪奥创始人克里斯汀·迪奥曾这样说："香水是一扇通往全新世界的大门，所以我选择制造香水，哪怕你仅在香水旁边逗留一会，你便能感受到我的设计魅力。我所打扮的每一位女性都散发出朦胧诱人的雅性，香水是女性个性不可或缺的补充，只有它才能点缀我的衣裳，让衣裳更加完美。它和时装一起使得女人们风情万种。"您现在穿的是迪奥的套装，如果有了迪奥香水的点缀，那就更加完美了！

销售人员：资生堂（Shiseido）是日本著名企业，其名字取自于中文，在中国古代意为“赞美大地的美德，她哺育了新的生命，创造了新的价值”。当然，这一名称正是我们资生堂形象的反映，将东方的美学及意识与西方的技术及商业实践相结合的先锋。将先进技术与传统理念相结合，用西方文化诠释含蓄的东方文化。

情景再现

销售人员：兰芝在法语里意味着雪，冬去春来，第一道融雪幻化出的曙光。水和光的“浪漫相遇”折射出兰芝快乐的内涵，水代表兰芝的护肤品，光代表兰芝的彩妆。“水”和“光”共同打造了我们兰芝的清新与快乐，让您拥有水漾容颜，清新每一天。

情景再现

销售人员：1932年，我们露华浓公司成立于纽约，创始人是查尔斯·郎佛迅、约瑟夫·郎佛迅兄弟和化学家查尔斯·郎曼。他们共同发明了一种特别的生产技术，即用颜料替代染料制成色泽艳丽的不透明指甲油，并调配出前所未有的缤纷色系。

情景再现

销售人员：我们蜜丝佛陀创立于20世纪初，以充满创意的彩妆产品、推陈出新的革新精神引领彩妆行业百年潮流。您看，Max Factor不仅是彩妆专指名词“make-up”的提出者，也是第一套供大众使用的彩妆用品的发明者，更是假睫毛、粉饼、唇彩、棒状睫毛膏等划时代产品的发明者，是现代彩妆行业之父。

“不断创新，为消费者提供最出色的彩妆用品”是我们品牌的宗旨。近年来，在原有产品的基础上专为亚洲女性度身研制出全新的产品线。

销售人员：伊丽莎白·雅顿夫人凭借完美主义的性格和不屈不挠的精神，成功创造了国际知名的化妆品品牌——雅顿。20世纪40年代，世界各地都知道的三个美国品牌就包括伊丽莎白·雅顿，其余两个品牌分别是辛格（缝纫机）和可口可乐。雅顿夫人被当时的《财富》杂志形容为“美国历史上迄今为止赚钱最多的女人”。

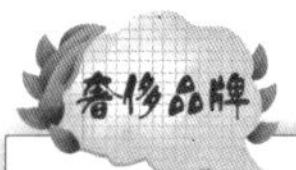

倩碧（Clinique）

1968年创立的倩碧（Clinique）品牌，推出护肤和彩妆产品，所有产品全部通过过敏性测试，百分之百不含香料。

倩碧一直延续丰盛的精彩，特别是在专业护肤领域，俨然已经成为隐性的权威，数个“第一”的神话，便是关于这件事最有力的证明。

倩碧是第一个将皮肤学专业产品推荐给普通消费者的品牌，也是第一个独创皮肤分析器，将皮肤分为不同类型进行护理的品牌。全球第一个提出SPF（防晒指数），第一个推出采用物理性防晒成分的护肤品，第一个推出水杨酸成分的品牌，它带动的美容界水杨酸护肤的热潮成为风口浪尖的话题，至今仍被人津津乐道。

倩碧还是第一个推出高档男士专用护肤品，第一个被美国宇航局NASA选中，供太空宇航员使用，第一个推出IPF（免疫防护系数）高科技的品牌。

利器029

相信产品——我的产品NO.1

作为美妆护肤产品的销售人员，或者说是任何销售人员，你在向顾客推荐售卖你的产品时，必须记住一点：我的产品是最好的。试想，如果你自己都对自己所卖的产品不自信，那顾客对你的产品还会有信心吗？

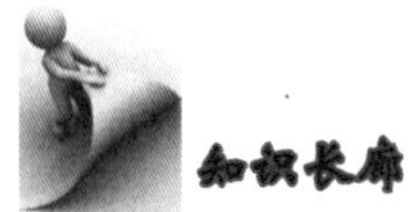

顾客对你的产品都没有信心，那还会有谁来购买你的产品呢？你的销售业绩也就不言而喻了。

图3-2 化妆品专柜

顾客：我以前一直用××品牌的睫毛膏，没有用过你们家的，效果有你们广告说的那么好吗？

销售人员：这一点您绝对可以放心，我们这款立体纤长睫毛膏，开创了睫毛膏的新纪元。您看，创新的白色弹力刷头，可以轻易而精确地将每根睫毛从根部刷至尖端，塑造更纤长、更卷翘、更丰盈，且根根分明的立体眼部妆效。今年，又将独特的刷头运用于防水型睫毛膏的使用中，推出了全新立体纤长防水睫毛膏，适合各种气候状况及不同类型的睫毛，持久彰显塑造您的立体明眸。

销售人员：这是我们首度推出的润泽、透亮，犹如法式甜点般可口的8色水吻我唇蜜以及同色系水吻我唇膏与缤纷可期的四色指甲油，令人一眼着迷的水嫩质感，如此闪耀动人，仿佛深处米兰、巴黎、东京等都会街头，让您惬意且自信！

情景再现

销售人员：这款全新柔润粉底系列创造如婴儿般清新自然的完美肤色，如丝缎般细致轻盈的质地，能与肌肤合而为一亮泽效果的微量色素粉末，不仅能修饰脸部的细小瑕疵，更能增添肌肤透明的完美光泽，容易推匀的舒适质感，赋予平滑、透亮、无瑕的天使容颜，提供肌肤无比的润泽舒适感。要不，我帮您试用一下，亲自感受一下我们这款粉底的效果？

情景再现

销售人员：我们这款粉底与一般粉底是不一样的，它特别添加了具有保湿功能的活性成分，您不用像以前一样因为粉底造成面部肌肤干燥脱皮。粉底中增加了能被皮肤吸收的活性成分，如丁烯、甘油、滋润哩、透明质酸等，可以保证皮肤角质层的滋润。

利器030

了解皮肤生理结构

化妆品都是要与皮肤相接触的，因此，作为化妆品销售人员必须了解皮肤生理结构，才能为顾客推荐合适的化妆品。

皮肤是人体最大和最重要的器官，它是由表皮、直皮、皮下组织三部分组成。

一、表皮

表皮是皮肤的最外层，平均厚度为0.07～2毫米，含水量占全部皮肤组织的20%，由外向内分为以下五层：

1. 角质层

角质层由4～8层扁平无核的角化死细胞构成。最外层的细胞到一定时间会自行脱落，角质层的厚薄直接影响表皮对营养物质的吸收。

顾客：我的皮肤最近老是容易脱皮，天气又干燥，真是太麻烦了。

销售人员：小姐，现在是秋天，气候很干燥，加上您的角质层很薄，所以更要加强皮肤补水保湿，我们刚推出的这款××系列是专门针对您这样的肤质在这个季节使用的，当肌肤先涂抹化妆水后，角质层含水量增高，再使用其他的保养品效果会更好，要不您试试？

2. 透明层

透明层由2～3层扁平无核的透明死细胞构成，只存在于手掌和足底。

3. 颗粒层

颗粒层由2～4层菱形细胞构成，细胞内含小颗粒，对光有折射作用，可以减少紫外线进入人体，该层细胞接近死亡，正准备蜕化成角质细胞。

4. 棘层

棘层是表皮最厚的一层，由4～8层带棘突的多角形细胞构成，是表皮的新生期，内含丰富的神经末梢及组织液。

5. 基底层

基底层位于表皮最底层，邻接真皮，由真皮乳头体的毛细血管补给营养，进行细胞分裂而新生表皮细胞。平常产生定量麦拉宁色素，成颗粒状存在，可使强烈阳光不透过身体内部，保护皮肤，且吸收及储存热能，可保湿提高细胞生活机能。

图3-3　化妆品专柜

二、真皮

真皮位于表皮之下，与表皮紧密相连，厚度约为表皮的10倍，含水量占全部皮肤组织的60%，当外伤伤及真皮时，会出血。在修复过程中，纤维组织大量增生，留下疤痕，主要由成纤维细胞和组织细胞构成。从上往下可分成以下两层：

1. 乳头层

乳头层主要由胶原纤维构成，含丰富的毛细血管和神经末梢，胶原纤维维持着皮肤的柔韧性。

2. 网状层

网状层主要由胶原纤维和弹力纤维纵横交织成网状，维持着皮肤的弹性。此层含有丰富的血管、淋巴、神经、竖毛肌、皮脂腺、汗腺毛囊等。

三、皮下组织

厚度约为真皮的5倍，由大量的脂肪细胞和疏松结缔组织构成，并含丰富的血管、淋巴管、神经、汗腺和深层毛囊等。

资生堂（Shiseido）

1897年，资生堂创制出Eudermine（希腊文，是good和skin的意思）。这是一支突破性的美颜护肤化妆水——也就是现在著名的资生堂酒红色化妆水。从此，资生堂翻开了化妆界发展之路的第一页。

1923年，资生堂开展连锁经营模式，加强全国宣传，形象变得更加鲜明。1948年，信三逝世，由他的侄儿福原义春接手，第三代的家族继承人上场，又开拓了新的一番事业。1957年，资生堂开始开发国外市场，打头炮的是在1965年推出的Zen香水。

利器031 根据肤质为客推荐

化妆品是一种特殊的商品，必须根据顾客的皮肤类型进行有针对性的推荐，这样才能发挥产品的功效，从而让顾客满意，达到销售的目的。因此销售人员必须学会判断顾客皮肤的类型。

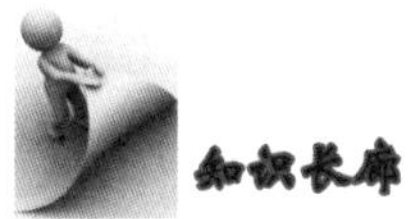

人的皮肤一般可分为五种类型，即中性皮肤、干性皮肤、油性皮肤、混和性皮肤、敏感性皮肤。

一、中性皮肤

中性皮肤是健康理想的皮肤，皮脂分泌量适中，皮肤既不干也不油，皮肤红润细腻，富有弹性，毛孔较小，对外界刺激不敏感。中性皮肤的ph值为5～5.6。

销售人员：您的皮肤属于中性皮肤，是最好的皮肤了。但是也要注意保养，否则容易变为干性皮肤，您看，我们这款……

二、干性皮肤

皮肤白皙，毛孔细小而不明显。皮脂分泌量少，皮肤比较干燥，容易生细小皱纹。毛细血管表浅，易破裂，对外界刺激比较敏感。干性皮肤可分缺水和缺油两种。干性皮肤的ph值为4.5～5。

图3-4 图片展示

销售人员：一般干性皮肤容易紧绷，起皮屑，苍白无血色等。长期干燥的皮肤会引起老化甚至加快皮肤衰老，更容易形成色斑和干纹。××系列产品能让您恢复少女般透明白嫩的肌肤。它含有现代高科技结晶的长效成分：多重氨基酸精华、精纯米脂精华、高氧维生素E，有显著的滋润营养、补水美白、抵抗老化的作用。使用后你会看到自己明显年轻3～5岁，焕发出少女般的光彩，就好像给皮肤买了件漂亮的衣服，让您拥有少女般的美丽。

销售人员：您属于干性皮肤，像您这种皮肤需要补充大量的水分，您不应该用清爽型的产品，而需要用一些含油脂量较高的产品，这样才能补充您皮肤的油脂和水分。例如我们现在推出的这款……

三、油性皮肤

肤色较深，毛孔粗大，皮脂分泌量多，皮肤油腻光亮，不容易起皱纹，对外界刺激不敏感。由于皮脂分泌过多，容易生粉刺、痤疮。

销售人员：您不能用一些含油脂过高的产品，因为您使用含油脂过高的产品以后会感觉到脸部有更油腻的感觉，还会堵塞毛孔，形成粉刺疙瘩。您该用一些清爽型的产品，用后不会有那种油腻感，但需要加一些保湿类的产品。油脂旺盛，并不能说明皮肤不缺水。我们这一套刚好是针对您这样的肤质，可以试试效果，保证让您惊喜！

情景再现

销售人员：你是油性皮肤，T字部位油脂分泌旺盛，面部粘腻泛着油光，因为水分和油分的不均衡状态，容易导致粉刺、黑头、粗黑、敏感皮肤出现，因此要及时使用控油产品。××控油产品能让你的皮肤收细毛孔，清爽无油腻。它含有世界公认的两大特效成分：矿物温泉精华、维生素F，具有双向调节肌肤的水分和油分平衡，恢复整个面部油分和水分平衡状态的作用。让皮肤感觉清新舒爽无负担，就像运动后喝了一瓶饮料一样舒爽。

四、混合性皮肤

兼有油性皮肤和干性皮肤的特征。在面部T型区（前额、鼻、口周、下巴）呈油性状态，眼部及两颊呈干性状态。

情景再现

销售人员：像您这种皮肤选择化妆品时，既不能选择含油量过高的产品，也不能选择含油量过低的产品，您要选择混合型的产品，如果油脂过高太油，油脂过低又发干。因为这种皮肤是随着季节的变化而随之变化的。

五、敏感性皮肤

可见于上述各种皮肤，其皮肤较薄，对外界刺激很敏感，当受到外界刺激时，会出现局部微红、红肿，还会出现高于皮肤的疱、块及刺痒症状。

销售人员：您的皮肤较干较薄，有明显的红血丝分布，敏感性肌肤的抵抗能力是所有肤质中最弱的，特别容易导致全脸性赤红面皮肤，长期暴露在阳光下容易生成色斑，要及时使用护理产品。这款修护露能让您皮肤恢复健康光彩，它含有××成分，具有提高抵抗力安抚红血丝皮肤减轻刺激，同时通过修复角质层达到增强肌肤自身保护屏障的作用。使用15天后红血丝明显减少，毛细血管收细，肌肤朝健康态恢复。就像在冬天里给自己多加了件保护外套，让您的肌肤更加轻松自在无负担。

当然，脸部皮肤的性质不是一成不变的，它会因季节、日照、饮食、生活习惯等因素的改变而发生一定程度的变化。

利器032

为色斑顾客推荐

每个人都想拥有无暇的肌肤，因此许多有色斑的顾客都很想找到一款能让肤色看起来更好的化妆品。但是化妆品销售人员必须根据实际情况进行推荐，不要夸大其功效，以免让顾客对你的产品产生质疑。

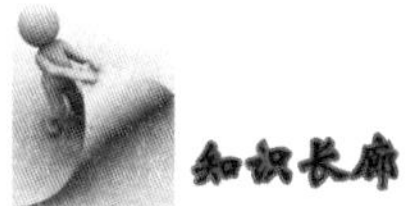

对于肤色不均匀、有色斑的顾客，可以推荐合适的针对性产品。当然，在推荐产品时你不能说顾客的皮肤不好，只能说如果您用了我们的产品，您的肤色将会更加均匀，色斑也会慢慢变淡。记住一点，千万不要承诺可以祛斑，因为没有真正祛斑的产品，只能是慢慢地变淡。

顾客：你们的祛斑产品有效果吗？

销售人员：小姐，我们这款产品是针对肤色不均匀、有色斑的皮肤。可以让您的肤色均匀，淡化疤痕、痘痕印，匀亮肤色，镇静日常刺激，储存丰富的抗氧化因子，帮助肌肤重塑天然保护层，让您永享年轻健康肌肤的“保险”。

顾客：有你说的那么好吗？

销售人员：您用过之后就会感受到明显的效果，它所独有的生物钟调节科技，融合20项全球专利，帮助肌肤修复日积月累的损伤，达到最佳的自我修护；面对UV、烟尘、污染，甚至情绪压力造成的肌肤伤害，能修复现在恶劣环境对肌肤的伤害，持续使用，您的肌肤会变得越来越年轻。

顾客： 你们哪一款产品可以预防色斑，我好多朋友以前都没有色斑，现在都开始有了，我想提前做好预防，要不然长出来就麻烦了。

销售人员： 小姐，难怪您的皮肤这么好，原来您一直都很注重提前预防。这款质地精纯、成效卓著的液体凝露能迅速淡化色斑，均衡不匀肤色。如果与本系列其他护肤及彩妆产品搭配使用，相得益彰的效果更令人惊叹。

情景再现

销售人员： 您的色斑是怎样形成的?

顾客： 我应该是遗传的。

销售人员： 您皮肤色素分布不均匀，皮肤黯淡无光泽，晒后容易使黑色素加深。色斑如长期不治也会扩散，为了防止更大面积的扩散，所以要及早治疗。××美白祛斑套含有世界公认最安全的淡斑特效成分：DNA核酸、绿石泥、植物美白剂成分。具有代谢色素、美白祛斑、防止色素回流三大显著功效。使用一周后您会感觉皮肤变得白嫩、细腻、柔软有弹性。

情景再现

顾客： 既然美白保养品无法祛除黑斑，那我干脆就不用了。

销售人员： 美白成分有维C诱导体、熊果素、甘草精华、洋甘菊萃取物等多种，它们都有预防黑色素生成的效果。每天在脸上涂抹含有这些美白成分的保养品，可以延缓新斑点的生成。因此，您还是需要用美容保养品的。

利器033

熟悉化妆品的成分

任何品牌的化妆品，其基本组成部分都是一样的。因此，化妆品销售人员要熟悉化妆品组成部分，以便为顾客推荐时可以灵活运用。

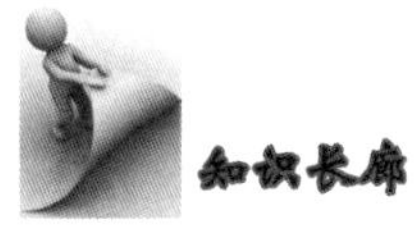

化妆品一般由以下几部分组成：

一、基质

基质主要由高级脂肪酸、高级醇类等组成的油脂、腊类、碳氢化合物等合成，油脂对滋润皮肤、软化皮肤、抑制水分蒸发、保持皮肤柔嫩、防止外界不良刺激具有重要作用，其主要成分为高级脂肪酸的三甘油脂，常温下为液体的称为油，为固体的称为脂，脂由高级脂肪酸和脂肪醇结合而成，分为动物性、植物性和羊毛衍生物。

其中羊毛脂最接近人体的皮脂，它不溶于水，有较好的渗透和保护作用，为主要原料之一。动物油脂中的鲨油、貂油、醇油都具有各自的特点，使化妆品具有良好的渗透性，保持皮肤柔软润滑。

顾客：过度洗脸是不是会造成肌肤干燥并出现细纹？

销售人员：过度洗脸确实不好，但是该清理的东西没有清理干净，也会加速肌肤老化。清洗力道太小，多余皮脂残留在脸上，过段时间就会变成过氧化物质，这才是肌肤老化的真正原因。

顾客：是吗，是这样的？

销售人员：是的，因为化妆品内含的油脂通常添加了抑制氧化的抗氧化剂（维E等），而皮脂是天然油脂，暴露在空气中会随时间而氧化。氧化的皮脂会变成活性氧，不只造成肌肤老化、形成黑斑和细纹，有时还会引发皮肤红痒等问题。因此，每天早晚都要清除脸上多余的皮脂。

二、防腐剂

由于化妆品中含有较丰富的营养物质，所以严格禁止微生物的繁殖，避免使用受到污染的化妆品就显得格外重要，防腐剂就成为化妆品的必备成分。同时，对防腐剂的添加，有着严格的要求，要达到对皮肤无毒、无刺激，不影响产品的粘度、pH值、色泽、香味，并能有效抑制多种微生物生长的作用。

顾客：我看最近的新闻报道说，许多化妆品中的防腐剂严重不符合规定，你们的产品是不是也一样啊？

销售人员：任何品牌的化妆品都含有防腐剂，因为防腐剂是为了禁止微生物的繁殖，但是我们产品中的防腐剂添加，都是符合化妆品生产要求的，绝对安全，您完全可以放心使用。

三、保湿剂

面部表皮和真皮缺水是导致面部小皱纹的重要因素，所以许多化妆品中都加入了与皮肤天然保湿因子相近的物质，如甘油、丙二醇等。质量好的化妆品中则采用了一些较新型的保湿剂——生物透明质酸，使皮肤在不同温度和湿度的环境中可自然将皮肤湿度调节在最适宜的水平，使化妆品具有优越的保湿性能，对保持皮肤水分、增白、防皱、抗衰老具有重要意义。

四、色素

有些化妆品添加了一些色素，以满足不同人对化妆品的需求。其来源有两种：一种是从天然动植物或矿物中提取的天然色素；另一种是工业合成的人造色素。在使用时都要经过化妆品生产部门的严格检查和限制。

顾客：我卸妆时间都好长，担心彩妆色素残留在脸上，造成色素沉淀就麻烦了。

销售人员：其实过多卸妆会对肌肤造成负担，卸妆一定要在40秒内结束。化妆品内含的色素分子颗粒较大，根本不会被肌肤吸收。

五、香料

为了遮盖其他成分的异味，并使化妆品具有清新诱人的香味，香味在化妆品中的应用十分普通。有天然和人工合成两种来源，主要分为花香型和幻想型两大香型。

六、表面活性剂

一种阴离子型和非离子型的表面活性乳化剂，可以达到活化有效成分、增强化妆品各种效能的作用。

七、抗氧化剂

化妆品中油脂、蜡、高油性成分遇氧时因氧化反应会产生醛、酸等氧化物，导致化妆品变质，因此，添加一定量的抗氧化剂可以保证化妆品有一定的保存和使用期，一般化妆品保质期要求在2～3年。

八、添加剂

促使皮肤新陈代谢所需的各种营养成分（如牛奶、氨基酸、多种维生素、蜂皇素、人参、银耳、花粉、灵芝、SOD等），是使皮肤增白变细、抵御黑色素的形成、延缓衰老的重要物质基础。

一般来说，除了色素以外，其他的组成部分是一般化妆品所必备的，而所有这些组成部分又必须有着严格的添加量比例控制要求，由于化妆品是与人体直接接触的，所以必须确保使用者不受到损害。

顾客：怎么这款化妆水有一股酒精味，是不是含有酒精，这样对皮肤会不会有刺激?

销售人员：对正常皮肤而言，化妆水中少量的酒精反而能让皮肤更清爽，其杀菌作用对呈弱酸性的表皮层来说也很重要，我看您是油性皮肤，这款含有酒精成分的油性肤质专用化妆水就是为您设计的。化妆水中的酒精，能使脸上油质快速挥发，减少面疱及粉刺，收敛毛细孔并抑制过多的油脂分泌，以改善油腻的程度。

利器034

利用名人效应促销

点石成金

诸多奢侈品牌的化妆品都有明星或名人代言，销售人员要充分利用人们的这种“追星”心理进行产品销售。

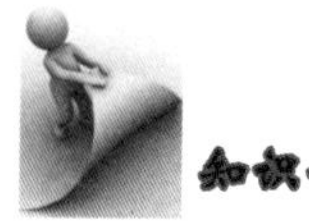

知识长廊

明星们和化妆品代言总有着难解之缘，而对于消费者和粉丝而言，值得信赖的代言、明星美丽的光环也有着不可小觑的吸引力。现在，大多数品牌都有自己的形象代言人，也有着相对固定的名人消费群体。因此，你完全可以利用名人效应来大肆推销你的产品。

情景再现

顾客：现在雅诗兰黛是名模刘雯在代言吗？

销售人员：是啊！这可是雅诗兰黛代言家族中的首张“亚洲面孔”哦！刘雯健康的好皮肤，即使在距离半米不到的地方观察她，也看不到有什么瑕疵。像她那样忙碌的“空中飞人”生活，以及长时间的带妆工作，都没有给她的皮肤造成什么损害，可就要归功于雅诗兰黛的明星产品了。

顾客：是啊，我一直都好羡慕她的皮肤，原来是一直用雅诗兰黛的产品，现在又是你们的代言人，我也要试试。

销售人员：好的，小姐，请您坐下来我慢慢为您推荐适合您的产品！

利器035

干净的皮肤更健康

点石成金

这个利器是为顾客推荐卸妆产品时可以使用的，用于突出卸妆产品的清洁功效，可以让皮肤更干净。

知识长廊

对于皮肤的护理，前提是对皮肤的清洁，只有做好皮肤清洁，才能开始其他护理保养程序。如果皮肤没有清洁彻底，那就难以让后续产品发挥功效。因此，销售人员要为顾客推荐合适的卸妆产品。

情景再现

顾客：为什么我每次洗完脸，皮肤都觉得很干很干。

销售人员：请问您现在用的洁面乳是哪一款呢？

顾客：我用的××牌的洁面乳，口碑一直都很好啊！

销售人员：小姐，口碑好不一定就适合您使用，最重要的是要选择适合您的产品。您的皮肤属于干性皮肤，可以使用我们这款洁面乳。

顾客：你帮我介绍一下吧！

销售人员：这款洁面乳是专为干性肌肤打造，温和高效清洁配方，帮助肌肤维护保湿屏障，舒缓柔和肌肤，清爽洁面感受。它富含水分的浓郁泡沫，可以温柔清洁、镇静、柔软肌肤。

顾客：为什么我总觉得每次洗脸都没洗干净似的？洗完还是很油。

销售人员：您可以试试我们这款洁面乳，是专门为油性肌肤设计的，融合了控油及植物性清洁成分，保湿、抗敏感。能够深层清洁肌肤，保持毛孔洁净通畅，使肌肤顿觉健康、顺滑、充满活力。

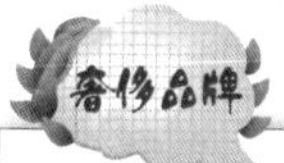

娇韵诗（Clarins）

娇韵诗的创始人Jacques Courtin-Clarins最初是一名医学院的学生，但是由于战争的缘故学业中断。战争结束后，他开始尝试按摩理疗的职业，在工作中，他发现女性顾客们不仅希望依靠医疗的手段，还希望通过化妆品使她们的肌肤更漂亮。正是这种需要，启发了Jacques Courtin-Clarins的灵感，让他开创了美容事业，并开办了第一家美容沙龙。

1954年，第一家娇韵诗美容中心在巴黎开业了，从身体的护理到面部的护理，CLARINS美容院赢得了客户的喜爱，第一款娇韵诗产品“100%纯植物精华的护理精油”正式诞生。

利器036

眼部护理，让您年轻

女人最动人的地方就是眼睛，同时女人的衰老也是从眼睛开始的，因此眼霜已经是每位女士所必备的一款产品了。销售人员在向顾客推荐眼部护理系列产品时，要有所侧重，根据顾客年龄和眼部问题来推荐合适的产品。

女人最动人的地方就是眼睛，同时女人的衰老也是从眼睛开始的，如何做好眼部肌肤保养，特别是在干燥秋冬，在为脸部做保湿的同时别忘了照顾到眼睛，而要做好眼部护理就要先做好防晒补水。

一、眼部防晒不可忽视

千万不要忽视秋日的阳光，加上电脑辐射伤害，都会让原本薄弱、储水量低的眼周迅速流失水分，变得干燥、黯淡。出门前一定要做好眼部防晒。

二、早上起床边去水肿边补水

在起床后，让消除水肿和迅猛补水同时进行，你需要在前一天晚上就准备如下天然素材：把两片土豆或者两个绿茶包（需用少许茶水浸润防止干透）放入冰箱冷藏，早上取出来直接敷在眼部，只需5分钟，就能快速消除眼部浮肿，让眼周肌肤充满水分。

三、临睡觉前按摩修复蓄水库

一定要抓住夜间眼周肌肤的自我修复功能，把白天因为日晒、缺水等因素造成的各种损伤及时修复。首先要选择一款有一定含油度的眼霜，取通常两倍的量，用两个无名指搓匀、搓热后，由内往外在眼周打圈按摩，进行10～15次后，再用指肚轻轻弹点眼眶，充分启动眼周的循环。

四、下午三点补水棒来接力

到了下午，眼部肌肤若感觉干燥，很难用喷雾或者眼霜来急救，此时你需要随身备一支补水棒，无论是室内还是室外，都能随机而稳妥地舒缓眼部的干燥不适。要注意的是，如果你眼部有妆，必须先用卸妆巾擦去再涂抹，补妆的时候用纸巾吸一下表面油脂再进行。

图3-5　图片展示

顾客：最近休息不好，黑眼圈都缠上我了，感觉眼睛好难受，可是周末我就要参加一个朋友的婚礼，让我怎么见人啊？

销售人员：小姐，您可以用这款眼膜，加强修复，保证周末的时候您的黑眼圈就没有了。

顾客：真的，如果有这样的效果，那我就太高兴了。

销售人员：这款舒缓眼膜，含有芦荟、青瓜、尿囊素等多种天然植物精华，能有效舒缓眼部周围肌肤。迅速补水，抚慰肌肤。实验室测试证明，在使用了舒缓眼膜之后，眼部肌肤的含水量迅速上升了40%，而且水分保持可长达6小时。眼部周围的肌肤感觉更清新更放松，显著消除浮肿和疲劳迹象。

销售人员：小姐，您现在用的眼霜是什么类型的呢？

顾客：我用的就是纯粹的保湿型的，可是昨天无意间发现眼角有了小皱纹。

销售人员：是不是最近工作很紧张，导致皱纹出现了。

顾客：就是，这不刚出差回来，都累坏了。

销售人员：是的，眼部肌肤是最娇嫩的，衰老迹象往往最先出现于眼部区域。这款产品的创造性配方专门针对眼部皱褶、鱼尾纹和眼下细纹。独有的Tri-Hyaluronic Complex复合物，为肌肤补充水分，减褪细纹、干纹，令肌肤有充足水分保持顺滑、饱满，犹如重生。许多向您这样的高端人士都很喜欢用这款眼霜，保证让您爱不释手！

销售人员：小姐，您试试这款眼霜！

顾客：这是新品吧，上次我来都没见到。

销售人员：这是第一款针对黑眼圈、浮肿而研发的眼霜，独创晶瓷按摩头，配合蕴含天然植物精粹的黑眼圈淡化复合物，一笔冰润间，优化眼部肌肤微循环、显著改善黑眼圈。按摩头能比手指更好地按摩眼部肌肤，独特的磁头能更好的帮助眼霜的吸收。

利器037

让您的双眸更迷人

点石成金

如今睫毛膏可以说是每一位女士的必备单品，哪怕是不化妆的女士也会备有一款睫毛膏，因此睫毛膏可以说是一种长销产品。

知识长廊

最简单的化妆就是使用睫毛膏、眼线笔、眼影对眼部进行修饰，在彩妆中最基础的莫过于对眼睛的修饰了。就算是不化妆的女士，也会必备一支睫毛膏和眉笔。

销售人员在为顾客推荐睫毛膏时，要根据顾客眼睛的大小、睫毛的长短及眉毛形状的浓密程度来推荐。

图3-6　睫毛膏

情景再现

顾客：平时我一般很少化妆，只有出席重要场合才会化妆。

销售人员：您可以选择我们这款动感睫毛膏，便可以拥有梦寐以求的理想美睫。全球首款电动式动感睫毛膏，带有振动式刷头，使用十分方便。

顾客：这么方便，那我试试吧！

顾客：好多睫毛膏都说是防水的，可是效果却不如人意。

销售人员：现在您终于可以拥有一款防水睫毛膏了，迷人妆效与您心中所想不谋而合。彻底、卷翘、性感，几乎毫无破绽可循。任何潮湿条件下均可保持完美，蒸汽氤氲的湿度或是跳下泳池后的浸润皆对其无影响。保证让您满意！

情景再现

顾客：新出的两款睫毛膏比其他的有什么不同吗？

销售人员：这是最新上市的睫毛膏，浓密、纤长的效果非常好，而且防水效果也不错，您只要用温水就能卸掉。

情景再现

顾客：请问这款睫毛膏会晕妆吗？

销售人员：一般情况下不会晕的，正常的汗水和泪水都没问题的，我们店员在用都没出现晕的现象。

利器038

护肤品陈列黄金标准

点石成金

好的商品陈列本身就是一名无声的推销员，它可以使顾客视觉的效果良好、陈列丰满、寻找方便，同时可以吸引顾客，使其产生购买的欲望。

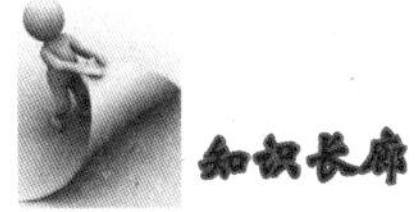

知识长廊

护肤品的陈列方法和标准如下所示：

一、产品分类

首先要进行产品的分类，销售人员可以将产品分为四大类：

（1）明星产品：能够盈利的产品，一般是指新上市、有卖点、有潜力的护肤品。比如在夏季、秋季到来的时候新上市的补水保湿产品等。

（2）现金母牛产品：目前阶段销量最大、利润最大、下货速度最快的产品。

（3）问题产品：一是指有残缺包装的产品；二是指正在逐步走向衰退的产品，比如进入9月份以后，一些残留的防晒产品、进入冬季后的冰膜等。

（4）瘦狗产品：已经成熟期的产品，就是市场已经淘汰的产品，甚至是一直积压、需要清仓的产品。

图3-7　化妆品专柜

二、陈列黄金标准

护肤品陈列的黄金标准为：

（1）对销售快、价格高的现金母牛产品要做到三个“到”——轻易看到，轻易找到，轻易拿到。

（2）现金母牛产品陈列面积比例应该最大，保证其销售量最大化。

（3）明星产品要尽量集中陈列在产品柜的中上位置，给人以突出、醒目的视觉冲击，从而利于新产品的推广。

（4）品类集中，以带动联动购买，即系列产品（补水、美白、祛斑）要集中摆放。

（5）产品包装正面朝外，以传递产品以及促销信息，要让顾客第一时间、第一眼看见产品的促销信息。

（6）干净、卫生、完整无缺，从细节入手，保持产品包装的整洁，做到无破损陈列，标签全部正面陈列。

（7）强调促销陈列的气势就是强调陈列的整体暗示信息：包括告诉顾客品牌的知名度、促销的力度、价格的实惠、产品的质量等。

奥伦纳素（ErnoLaszlo）

奥伦纳素于1927年由匈牙利皮肤学专家奥伦纳素博士创立，1939年在纽约曼哈顿建立护肤学会，通过明星、名流推广品牌，在欧美上流社会风靡了80多年，目前在全球有近千家零售店，都设在当地的高档商业区。

奥伦纳素博士是护肤美容界的先知，首创的多项护肤概念到现在仍被广泛应用，保养及疗效性均获得肯定。其成功的背后，创下许许多多美容界的第一次。

利器039

巧妙处理顾客异议

销售过程本来就是一个从异议到同意的循环过程，只有解决了顾客的异议，才能赢得顾客的好感，促进销售的成功，因此，销售人员必须巧妙地处理好顾客异议。

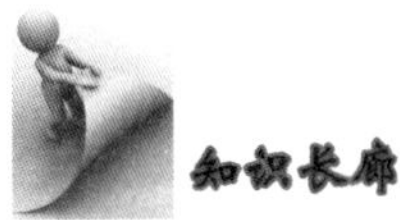

在这里列举常见的顾客异议，仅供参考。

顾客：BB霜会堵塞毛孔吗？

销售人员：堵不堵塞毛孔在于您卸妆卸得干不干净，只要卸得干净就不会堵塞毛孔。任何和彩妆有关的产品都会堵塞毛孔，晚上卸妆卸干净就没问题。

顾客：我的肤色应该怎么选购隔离霜？

销售人员：一般隔离霜的功效是修颜、隔离、滋润、保湿。隔离霜除了全脸使用外，珠光或白色可拿来作为局部提亮，深咖啡色可用来修容，绿色可用来打在泛红的痘疤上，黄色可打在眼下修饰咖啡色黑眼圈。您的肤色较白，可以选择粉红色，能制造红润感。

顾客：我只想买单独的紫色眼影，可是你们这里没有啊！

销售人员：单独的紫色没有，不过单独使用紫色涂不好的话可能会显得眼睛有点肿，我建议您先用紫色打底，再在睫毛根部加黑色，在前眼角处加点白色，会使眼睛更有立体感。

顾客：唇彩、唇膏、唇蜜、口红的区别是什么呀？

销售人员：唇膏一般是滋润的作用；口红一般是颜色遮盖的作用比较强；唇蜜、唇彩一般是丰唇，立体感比较强。

情景再现

顾客：干眼影和湿眼影的区别是什么？

销售人员：先抹点湿的，然后再抹上干的，这样不容易花，也不容易脱色，如果是油性肤质最好不要用湿眼影。

情景再现

顾客：上粉底时，常感觉推不匀，好像会结块一样，是什么原因？

销售人员：您是不是擦完护肤品后没有等吸收就上粉底了呢？如果您擦完护肤品后过一会儿再上粉底就不会出现这种情况了。

第四章
香水余味

香水的问世至少有6000年的历史了。不论在何种情况下，香水都和时髦、夸耀与奢华联系在一起。

香水是最富有浪漫气息、最让人印象深刻，也最奢侈的“高级时装”。香水的味道就像是爱情的味道，无法看见也无法触摸，却让人从来不会忘记它的存在。

一瓶经典的香水或清新淡雅，或神秘高贵，或活泼雅致，其沁人的魅力会一点一点地释放出来，引发人们无限的想象。

利器040

了解香水历史渊源

作为一名香水销售人员，对于香水的历史当然是如数家珍了。这里说的香水的历史不是指某个品牌的香水，而是说整个香水的历史。

试想，如果你向顾客推荐香水时，可以将香水的历史侃侃而谈，相信其对你必是“刮目相看”，不自觉地就会选择你所推荐的产品了。

香水——parfum这个词是从拉丁文par+fumum（通过烟而来）一词演绎而来的。香料（香水）最原始的用途就是酬神上供。

图4-1 图片展示

古罗马人们相信如果祭祀Vesta女神的香火中断的话，罗马城将会沉没在地狱的深渊里，因此有一群女信徒一生唯一的职责就是维持香火永远不灭。

埃及使用香料的历史可上溯至公元前三千年左右，远早于其他的文明。人类最早的香水，就是埃及人发明的可菲神香。但因当时并未发明精炼高纯度酒精的方法，所以这种香水准确地说应称为香油，是由祭司和法老专门制造的。

古波斯香水是身份和地位的象征。在皇宫里，最香的必定是皇上。

希腊把香水也神化了，认为香水是众神的发明，闻到香味则意味着众神的降临与祝福。

英国伊莉莎白女王时期，一瓶加入醇的“匈牙利之水”，正式成为香水。

意大利15世纪以后，开始广泛使用香水，并采用了浓重的动物脂香料。很快，这种风尚流传到法国、英国等欧洲国家。

16世纪，香水变成了巴黎城中的时髦物品，当时最好的香水是法国格拉斯生产的，工业革命后，香水开始大规模地在世界各地生产、推销。香水已经成为人们生活中不可或缺的重要的日常用品。

17世纪时，Paul Feminis配制出一种异香扑鼻的奇妙的液体，因他当时住在德国科隆，故命名为“科隆水”。后来，酷爱服装和化妆品的法国人对香水表现出超乎寻常的热情。香水成为上流名媛炙手可热的时尚用品。

法国从19世纪50年代起，挥发性溶剂代替了早期的蒸馏法，尤其是人工合成香料在法国诞生，香水不再局限于天然香精，从而使香水工业迅速得到发展。

兰蔻（Lancome）

Lancome兰蔻于1935年诞生于法国，这个以玫瑰花为标志的品牌已发展成为全法国第一和全世界第二的世界知名化妆品牌，得以让全球女性分享它优雅且高贵的气质。

Lancome之名源于法国中部卢瓦卡河畔的兰可思幕城堡（Lancome），为发音之便，用一个典型的法国式长音符号代替了城堡名中的“s”字母。

Lancome兰蔻创始人 Armand Petitjean（阿芒·珀蒂让）先生凭借他对香水的天才敏感嗅觉、执着不懈的冒险精神，以及他立志让法国品牌在当时已被美国品牌垄断的全球化妆品市场占领一席要位的抱负，为世界化妆品历史写下美的一页。

利器041 熟知香水制造过程

可能你会认为，我只是负责香水销售的，没有必要了解香水的制造过程。其实不然，作为专业的香水销售人员，对于香水的制造过程必须清楚。当然，你的职责是负责向顾客推荐合适的香水，不用参加到香水前期生产加工中。

现在的顾客，特别是作为奢侈品香水的顾客，可以说是相当的挑剔，所以，具备专业香水知识的高素质的销售人员，相信也是顾客所信赖的。

制造香水的工艺过程包括预处理、混和、陈化、冷冻、过滤、调色、装瓶、成品检验。

一、预处理

制造香水的原料如酒精、香精和水必须纯净，不能带有杂质，所以，使用前要经过预处理，这样才能保证产品外观清纯、气味醇和、香气圆润。

（1）酒精的预处理，包括纯化和陈化。纯化有两种常用的方法，即酒精中加碱回流法和高锰酸钾氧化法，目的是去除杂质。在酒精中加入氢氧化钠，煮沸回流数小时后，再经一次或多次分馏，收集其香气最纯正的部分用来配制香水。或可以在酒精中加入高锰酸钾溶液，迅速搅拌后静置，滤去沉淀，再加入活性炭，放置数天后，再经过硅胶过滤，进一步吸收杂质。

（2）香精的预处理，在香精中加入少量预处理的酒精，陈化1个月后使用。

图4-2　图片展示

（3）水的预处理，蒸馏或灭菌去离子。通常用柠檬酸钠或EDTA来去除金属离子。

二、混和

将酒精、香精和水按照一定的比例放入不锈钢或搪瓷、搪银、搪锡的容器中，搅拌混和放置一段时间，让香精中的杂质充分沉淀，这样对成品的澄清度及在寒冷条件下的抗混浊都有改善。

三、陈化

混合好的香水放入装有安全阀的密闭容器中进行陈化。香水的陈化有物理方法和化学方法两种。物理方法有机械搅拌、空气鼓泡、红外、紫外线光照射、超声波处理、机械振动。

化学方法有空气、氧气或臭氧鼓泡氧化、银或氯化银催化、锡或氢气还原。在陈化期中，香水的气味渐渐由粗糙转为和醇芳馥。但如果调配香精不适当，也会产生不理想的气味。对于陈化所需时间长短，有人认为需3个月，有人则认为应更长些或更短些。可以根据生产条件等因素加以调整。

四、冷却

香水碰到较低温度，就会变成半透明或雾状物，此后如再加温也不再澄清，就此始终浑浊。因此，香水必须冷冻后再进行过滤。

五、过滤

陈化及冷冻后有一些不溶性物质沉淀出来，过滤去除以保证其透明清晰。过滤采用压滤机，并借加入硅藻土等助滤剂以吸附沉淀微粒，否则沉淀物会阻塞滤布孔道。在加入助滤剂后，应将香水冷却到0℃左右，并在过滤时维持此温度。

压滤机的温度可借已经冷却的香水多次循环而得到冷却。当将陈化和冷却产生的沉淀物滤除后，可恢复至室温再经过一次细孔布过滤，即可保证产品在储藏及使用过程中保持清晰透明。

过滤时由于采用了助滤剂，可能会有一些香料被吸附而造成香气的损失，应在事先有所估计，并在事后有所补偿。

六、加色

加色一般在过滤工序之后，否则颜色易被助滤剂吸附，必须与标准样比色后加色。

七、产品检验

用仪器对比色泽、测定比重及折光指数，用常规方法测定酒精含量等。

八、装瓶

瓶子要用蒸馏水进行水洗。装瓶时应在瓶颈处留出一些空隙，防止储藏期间瓶内溶液受热膨胀而使瓶子破裂。

利器042

根据季节选择香水

香水销售人员在为顾客推荐香水时，要了解顾客是在什么季节使用，因为不同季节所选择的香水是有不同的要求的。

当然，可能有的顾客有着自己一直喜欢的款式，因此不用导购介绍。可是如果用了之后有不好的反应，这就是销售人员没有做到用心为顾客服务了。

一、春季

春季多风，皮肤最易过敏，香水尽量不要喷洒到皮肤上，应以喷择洒在衣物上为主。人对香气的领悟性在春季也较高，干燥的空气易使香气很快散发，香水应少洒多喷，并以清淡为主。早春使用花香型、晚春使用果香型更能给人以新鲜感。

二、夏季

夏季是使用香水的旺季，气候炎热，空气混浊，异味大，所以最适宜使用具有清香、爽快气息的古龙型香水。夏季一般多将香水洒在头发、头饰上，女士洒在裙边更佳。以清淡型香水为主，宜少洒、勤洒，要经常保持愉快、淡淡的香气。

三、秋季

秋季是冬季的序曲，与冬季有许多相似之处，人的嗅觉变得迟钝，对香水的领悟不高，香水可适当浓些，以洒在鬓边、衣领、手帕上为佳，各种香型都适合，没有严格的选择。

四、冬季

严寒的冬季，缺少绿色与生机，更需要香水的点缀。此时选择香气浓郁一点的花香、动物香型的香水，会给人一种温暖、热烈的感觉。冬日寒冷的气候不利于香水的散发，香气挥发慢，但留香时间长，因而一次可少喷些。

图4-3 图片展示

顾客：你帮我推荐一款香水吧！

销售人员：我觉得您很适合××款香水，因为它是针对独立自主、令人惊喜又现代的女性而设计的香水作品。这与您完全相符，就像是为您量身定做的。

顾客：是吗？

销售人员：当然，您典雅中不乏一种轻盈活泼，与这款香水香调相符。这款香水白色与绿色花朵的和谐表情，含有橙香油、白松香、五月玫瑰、鸢尾草、水仙花、香根草、西洋杉、愈苍木等多重花草。

顾客：我已经在使用××品牌的香水了，为什么我要买你的？

销售人员：××品牌的香水的确也不错，但是我们现在新推出的这款香水是今年最流行的香型，同时也刚好适合您。您可以闻闻是不是您喜欢的香型。

雅诗兰黛（Estee Lauder）

1946年，雅诗兰黛女士创立了雅诗兰黛公司，她所凭借的是四款产品与不可动摇的信念。她深信每位女性都能变得美丽动人。

雅诗兰黛女士曾荣获美国总统自由勋章、法国荣誉勋章等多项殊荣。然而，她最喜欢的事情就是在店内为女性顾客提供建议。她非常重视女性口耳相传的威力，最喜欢的一句名言是：“打电话，发电报，转告女友。”因为她知道一旦女性试用过雅诗兰黛产品，就会爱上产品并迫不及待地与友人分享。

雅诗兰黛女士追求一种优雅风格，她深入参与产品包装设计过程。她的多种设计概念代表作，就是她认为最能与浴室和卧房摆设风格相衬的雅诗兰黛产品的经典蓝色用色。

利器043
了解香水基本类型

作为香水销售人员，不仅要十分熟悉本品牌香水的类型及特征，对于香水常规类型及其特征，也必须了解。因为任何品牌的香水，都是以这些基本香型为标准的。

随着人类文明的不断进步，根据消费的需求，目前世界上有上千种类型的香水，但最常见的有以下几种。

一、基本香型

香水可以分为七种基本香型，具体如表4-1所示。

表4-1　　香水基本香型

序号	香型	说明
1	单花型	香水的原料以单一花香为主调，如玫瑰花型、茉莉花型等
2	混合花型	由几种花香配合形成综合花香型，具有香味浓烈的特点，给人以奇妙的感觉
3	植物型	以野外一些清香的植物为原料，配成清香淡雅的香型，给人清新愉快的感觉
4	香料型	以丁香、桂皮、香草等香料为原料配成的香型，表现一种持久的情感和思念
5	柑桔型	以柑桔、柠檬为香型，具有香韵新鲜的特点，能引起愉快的心绪

续表

序号	香型	说明
6	东方型	主要以薄荷和麝香为原料，味道辛辣
7	森林型	主要以橡树和新鲜绿色植物为原料，表现一种深远莫测、宽广凝重的气质

二、香型特征及使用

1. 花香型

特征：以单一花香为主体香调。

使用：以女用为主流。

这种类型的香水常以花名作为商品名称，例如：蔷薇香水、茉莉香水、玫瑰香水等。不过，现在以花香型为特点的各种香水，实际上也不只是一种花香了，而是稍加复合，但以其中一种花香为主，与其名称所标香气也是符合的。

花香型是一种重要的香型，尤其是在女用香水中，像玫瑰、茉莉、丁香花、铃兰、晚香玉等被广泛使用。花香对男用香水也并非不重要，在辛香、革香等男用香型中加入花香可赋予香气清洁感并增加香气强度。

2. 百花型

特征：由几种花香组成的复合香气。

使用：是女用香气的中心。

以几种花香的混合香气作为主体，给人的感觉是花香，但难以形容是哪一种具体的花香，其成分比花香型复杂。在配制时，可以根据调香师的灵感来进行创造性的发挥，制成香气优雅、令人喜爱的香水。

3. 现代型

特征：以C8～C12脂肪族醛类的气味为其香气特点。

使用：以女用为主。

根据香气特点分为两类，一类是花醛型：在百花型中加入多量脂肪醛即可产生这种香气特征，是一种具有很强的现代气息的产品，市场上这类香水很多。

另一类是花醛青香型：在花醛型的香水中再加入青香型香料制成，现代品位的香水大多属于这种类型。

4. 青香型

特征：具有绿色植物的青香气。

使用：男、女均宜。

根据香气特点又可分为：青香型、复合青香型、药草型，药草型特指有药草般的香气的类型。

在花香型中，许多香水也加入了青香气，但香水的主调仍为花香型。青香型香水则不然，它以青香香气为主体，并且强调这种香气。

5. 水果型

加入水果香，适合少女和小孩。

图4-4 图片展示

娇兰（Guerlain）

娇兰（Guerlain）是以香水起家的巴黎皇室贵族保养品品牌，创建至今已有近200年的历史。1828年，当娇兰在巴黎瑞弗里大道42号开设第一家香水专门店起，即专注于创制不同种类的独特香水及香精，以配合不同人士的性格特质。

娇兰家族经历4代Guerlain香氛师，共推出300多款香水。其中几款更是成为世界上最具收藏价值的香水。娇兰已经成为在香水、护肤和彩妆方面美容产品的领军品牌。

利器044

认识香水前、中、后调

每一瓶香水都由不同的香料调配而成，而不同的香料所需散发出来香气的时间也不同，于是，每一瓶香水就有它独特而丰富的前、中、后调的变化。

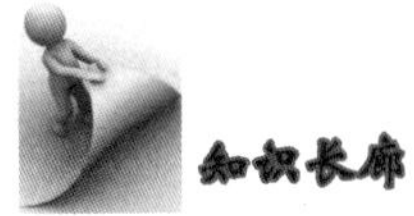

好的香水通常包含有上百种香精，因此每一瓶香水的香味都各具特色。但是，这些香味大致可分为前调、中调和后调三个层次。

一、前调

0～30分钟是香水最先透露的香味，也就是当接触到香水的那么几十秒到几分钟之间所嗅到的直达鼻内的味道。前调通常是由挥发性的香精油所散发，味道一般较清新，大多为花香或柑橘类成分的香味。前调就像一首乐曲中突然拔起的高音，立即吸引人的注意，但前调并不是一瓶香水的真正味道，因为它只能维持几分钟而已。

前调包含香水中最容易挥发的成分，维持时间短，只有几分钟，作用是给人最初的整体印象。

顾客：香水的留香时间有多长？

销售人员：这个是因人而异的，一般而言，女士香水的留香时间要比男士香水的留香时间长。

顾客：是什么原因使香水留香时间更加长久？

销售人员：一般香精浓度高的香水会持久些，如檀香型留香时间会持久；低温比高温持久；油性皮肤比干性皮肤持久。

顾客：那你们这个品牌香水的留香时间怎样？

销售人员：我们的香水都比较偏向于轻松、活泼的香型，相对一些浓厚、正统的香水的留香时间要来的稍微短一些。

二、中调

0.5～3小时在前味消失之后开始发出香味，中调是香水中最重要的部分。中调是一款香水的精华所在，这部分通常由含有某种特殊花香、木香及微量辛辣刺激香制成，其气味无论清新或浓郁，都必须和前调完美衔接。

洒上香水就是带着这种味道示人，以这种味儿来表达自己其时的心境、情感等信息。中味的调配是香水师最重要的责任，除了要选择适当的香精组合来突出香水的特色以外，还要想办法使香味能适当持久。中味的香水一般可持续数小时或者更久一些。

中调也有人称为核心调，紧随前调出现，散发香水的主体香味，体现香水最主要的香型，一般最少要维持4个小时。

花类香味则多属于中间。所以前味就是在香水洒后10分钟左右散发的香气；中味是在洒后30～40分钟才能显现，后味则需0.5～1小时才能闻到香气。

三、后调

3小时之后，也就是常说的“余”香。通常用微量的动物性香精和雪松、檀香等芳香树脂所组成，它不仅只是散发香味，更兼具整合香味的功能。

后味刚刚开始作用时，往往散发出来的称不上香，所以此时已近尾声的中味还会暂时担待着，但过一会儿以后，后味的精致迷人香味便开始散发出来了。后味的作用是给予香水一种绕梁三日不绝的深度，它持续的时候最长久，可达整日或者数日之久，洒过香水隔天后还可以隐隐闻到的香味就是香水的后味。

后调是香味最持久的部分，也是发挥最慢的部分，它可以维持一天或是更长时间。如檀香木，它是一种非常持久的香味，起初闻时并不觉得有什么特殊，但时间越久越能散发馥郁的香气。柠檬等柑橘系的香味则恰恰相反，刚开始散发出清爽诱人的芳香，之后反倒没有那么强烈，很快就消失了。

顾客：为什么喷了香水后不久，我就闻不到香味了？

销售人员：首先，因为你的鼻子已经习惯了这种香味，对这种味道不敏感了，但你旁边的人还是会闻到香味的；其次，香水的头香会浓一些，中香、尾香会慢慢变淡。

顾客：是否不同的人闻同一款香水会有不同的感觉？

销售人员：是的，每个人对香味都有不同的感觉和反应。例如有些人对某些香味特别敏感，而有些人对这种香味则没什么感觉。

情景再现

顾客：同一款香水用在每个人身上的香味都一样吗？

销售人员：不一样。每个人皮肤的分泌物的化学成分不一样，与香水相互作用后，香味会有点差异。

情景再现

顾客：这款香水对我来说是不是太浓了？酒精味是不是太大了？

销售人员：你闻的是香水的前味，是会浓一点和有点酒精味的。请你再等一两分钟，等前味散开了，到了中味才是选择香水的最佳时段。

利器045

香水与星座巧搭

星座代表着一个人的性格趋向，香水则透露出一个人的品位和感情，如何将星座与香水完美搭配，也是销售人员必备的常识。

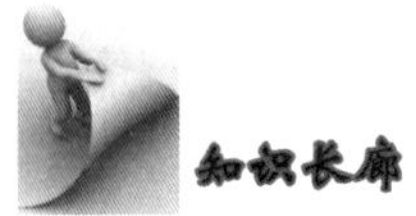

在这里，简要列举各个星座的主要性格特点以及与星座相配的香水。

一、白羊座

白羊座热情直率、敢爱敢恨、开朗、热情、直率、不扭捏，适合使用较醒神的香味，如含有柠檬、麝香、香橙、迷迭香、百合花、栀子花味道的香水。

二、金牛座

金牛座温柔又细腻，对于感情十分专一和谨慎，适合用含有檀香、紫丁香、茉莉花味道的香水。

三、双子座

双子座不但拥有双重性格，而且是多重性格。聪明、活泼，鬼主意特别多，而且见多识广，适合含有风信子、水仙花味道的香水。

四、巨蟹座

巨蟹座的人生目标，就是要建立一个安稳舒适的家庭，因此相当谨慎，不轻易流露情感，可用带有郁金香、百合花、玫瑰味道的香水。

五、狮子座

狮子座热情、主动、大方，喜欢引人注意，在一般人当中，总是渴望能成为众人关注的焦点。在香水方面，可以选用一些味道较为浓郁、强烈的香水，像薄荷、橙花、麝香。

六、处女座

处女座心思细密，做事好讲原则，也相当执着，凡事都追求完美，不容有半点瑕疵。可以利用香水来散发优雅、细腻的气质，像淡淡的紫罗兰、茉莉花、铃兰花。

七、天秤座

天秤座是一个中性的星座，既有女性的优雅也有男性的爽朗，可以多用含有熏衣草、天竺葵、野百合香味的香水。

八、天蝎座

天蝎座爱恨分明，在香水方面，较适合浓烈、古怪的味道，最能表现出神秘、性感及强烈的个性，如姜、薄荷，甚至较刺鼻、辛辣的味道也可以。

九、射手座

射手座个性率直，经常面带笑容，开朗、乐观，就像一个大孩子，无牵无挂，可以选择清新和醒神的味道的香水，像西瓜、绿茶、香草味的。

十、山羊座

山羊座的人成熟、稳重，做事踏实有责任感。可以用些清幽淡雅的香水，像铃兰、檀香木、茉莉花，散发淡淡的优雅。

十一、水瓶座

水瓶座的人聪明，有头脑，又有特强的创作力，脑中总是有很多古灵精怪的思想。思想前卫，讨厌牺牲，循规蹈距，总是喜欢做些与众不同的事。适合选用些从树木提炼出来的香水，像檀香木、天竺葵。

十二、双鱼座

双鱼座温柔可爱、富有同情心，而且多愁善感，心思细密，凡事都为别人设想，总是给人一种柔弱的感觉。可以选用带果香、味香较甜的香水，像玫瑰、迷迭香、草莓等。

情景再现

顾客：小姐，帮我推荐一款香水吧！

销售人员：请问您喜欢哪一种香型？

顾客：我就是不知道该选哪一种，否则就不会让你帮我推荐了。

销售人员：不好意思，现在我们品牌推出里星座专属香水系列，您可以根据您的星座来选择属于您的香水。现在好多顾客都是慕名而来的。

顾客：是吗？那我要仔细瞧瞧。

利器046

为顾客介绍香水礼仪

点石成金

一个有品位的女人应该懂得香水的使用礼仪，正确使用香水，使气质更加高雅，精神更加饱满。

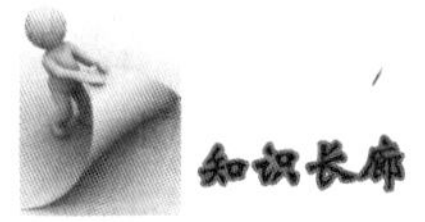

知识长廊

香水的使用也有很多礼仪，不同的场合，香水的使用方法不同，因此，在使用香水时，应注意以下事项：

（1）探病或就诊：使用淡雅的香水比较好，以免影响医生和病人。

（2）参加会议：千万不要用浓烈的香水。

（3）工作时间：切忌个性强烈的香水。

（4）宴会：香水涂抹在腰部以下是基本的礼貌。使用过于浓烈的香水会影响食物的味道，可能会减低食欲。

（5）婚礼：白天可以选择淡香水，晚上则可选择浓烈的香水。

（6）约会：选用以柑橘、水果和苔类香草为原料的香水，内含有令人增添吸引力和荷尔蒙的成分。

（7）雨天：潮湿的空气会让香气在水区域内弥散，选用淡香水为宜。

（8）户外：运动和逛街都易流汗，汗水与香水味混合在一起总会让人敬而远之，这时要选用无酒精香水或运动型香水。

（9）睡眠：薰衣草或玫瑰香油有改善睡眠质量的功效，临睡前，在枕下少洒一点儿，一晚香梦随之而来。

顾客：我看保存方法上说要避免阳光直射？为什么呀？

销售人员：因为香水中都会添加防晒剂，因此要避免阳光直射。如果把香水洒在阳光直接照射的皮肤上，会容易在皮肤上留下斑点，并引起皮肤过敏。

情景再现

顾客：可不可以给我重新换一瓶？

销售人员：不好意思，我们这款香水只剩最后一瓶了。

顾客：那你帮我查查，你们其他专柜有没有存货。

销售人员：这款香水我们销售得很好，其他城市都已经断货，我们刚进的货就剩这一瓶了。这款香水非常适合您来使用，千万别错过这个机会，不知近期还能不能进到货。

情景再现

顾客：香水的保质期有多久？

销售人员：不开封的话，香水最长可以保存20年。一旦开封，空气进入瓶子后，最好在1年内用完它。不过，香水的保质期一般都是5年。

顾客：那时间还挺长的。

销售人员：但是香水必须存放在阴凉、干燥的空间最为适宜，要避免潮湿和闷热，尽量避免放在卫生间。如果卫生间的通风设施比较好的话，那问题就不是很大。

利器047

男香之味，制造独特

点石成金

如今，各大香水品牌都设有男士香水，男士香水也是一个巨大的市场。

知识长廊

男士对于香水的要求似乎更高，不用则已，要用就用最好的，这或许是许多购买香水的男士的共同心理。因此，销售人员在向男士推荐香水时，更重要的是品质，而非价格。

图4-5　图片展示

情景再现

销售人员：先生，我们这款××来自前卫而浪漫的法国，清新敏感淡雅而温情的芳香受到很多喜欢休闲男士的喜爱。它能让您显得浪漫、潇洒、不羁和自由，让人仿佛置身于宽广的原始草原或是投身于大海的中央，一种心胸开阔的感觉随之而来。

销售人员：小姐，您想要要挑一款怎样的香水？

顾客：我想买一款男士香水，给我老公当生日礼物。

销售人员：这款就相当不错，××品牌的香水可是美国第一任总统乔治·华盛顿的最爱，在那个年代曾经是男性必备的香水品牌。

顾客：是吗，香味怎么样？

销售人员：请您闻闻，就是这个味道，配有柠檬、橙花油及迷迭香可以让人显得生气勃勃，塑造出新时代男性的新形象，给人一种爽朗宜人、充满阳刚气息的感觉。

销售人员：这款男士淡香水由四种独特香调相辅相成，让每个人以不同的方式诠释男性的魅力。结合清新、辛辣与木香调，组成四种相互平衡和谐的动态香气（清新调、木香调、辛辣调、感性调）。

情景再现

销售人员：这款绅士淡香水代表卓越、心思细密、精致，充满魅力。清新调——木香调——辛辣调，散发出清新、活泼的香气，低调却浓郁。

利器048

款不同，香水“款”自然不同

点石成金

不同性格的人，适合不同类型的香水，相信这也是香水品种多的原因了。

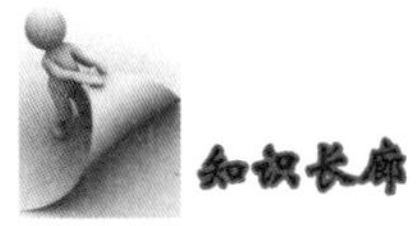

知识长廊

因为每个人的喜好是不一样的，香水使用的场合也是不一样的，当然不能一概而论。因此，销售人员要根据顾客的特点为其推荐合适的香水。

情景再现

顾客：香水、淡香水、古龙水、须后水有什么区别？

销售人员：最大的不同是香精浓度的不同。香精浓度：香水是12%~18%；淡香水是8%~12%；古龙水是4%~8%；须后水是2%~4%。

情景再现

销售人员：您真有眼光，这款××香水是我们卖得最好的一款，散发出一种充满女人味、具现代视野、独一无二的经典香味。

顾客：是吗？

销售人员：当然，请您闻闻，就是这种香味：这是第一款含有如此高比例乙醛的香水，并结合多款花香。永恒的经典、典雅、诱人、现代的香水，现代感十足，并且轻巧的包装相当实用。

利器049

邀请明星进行代言

点石成金

邀请明星代言，这已经是众多品牌惯用的一种营销方式了，当然可以以此来吸引更多顾客的眼球。

知识长廊

正如人们听到是加勒比海盗女代言的香水，就一定会知道是香奈儿的摩登COCO香水。明星的力量是不可小觑的，否则也不会花费巨资邀请明星代言。

销售人员要对自己品牌香水的代言人的相关资料相当熟悉，这样在为顾客介绍时才能更好地沟通。换一句时髦的话语，你也要成为代言人的“粉丝”。

图4-6 图片展示

顾客：这不是加勒比海盗中的海盗女凯拉·奈特莉吗？

销售人员：小姐，您也是加勒比海盗的女粉丝？我也是，我觉得凯拉·奈特莉现代、清新、感性、优雅。

顾客：她现在代言的是摩登COCO香水，有什么特点呢？

销售人员：摩登COCO香水是由贾克·波巨，现任香奈儿专属调香师调制的香味，以西西里岛柑橘和加勒比海佛手柑等清新东方调揭开序幕，承接晨间玫瑰与东方茉莉的柔美花香，再配以感性的广藿香、香根草与白麝香，娓娓道出都市女性刚柔并济的时尚表征。这完全符合您的风格！

情景再现

销售人员：作为世界上最受欢迎的香水之一，“Miracle奇迹香水”堪称兰蔻的骄傲！现在“Miracle奇迹香水”的代言人是Diane Kruger，她是凭借《特洛伊》享誉世界的德国女演员。

顾客：原来她是《特洛伊》里面的女演员啊？

销售人员：Diane拥有如此高贵、迷人而又与众不同的气质，甚至同样带有一种难以言说的神秘感。她让我们看到一个真正的女人，一个极富感染力的背影，遥望着地平线，破晓而出的朝旭从她眼中升起，带来无限遐想与奇迹……让您感到：天地间，你就是奇迹！

情景再现

销售人员：现在迪奥“毒药”香水的新代言人是主演《无耻混蛋》的法国女星梅拉妮·洛朗。

顾客：是吗，我记得意大利女星莫妮卡·贝鲁奇和美国超模兼影星米拉·乔沃维奇都担任过迪奥“毒药”香水代言人吧？

销售人员：是的。洛朗生于巴黎一个艺术家庭，曾获法国电影界最高奖凯撒奖最佳新人奖，主演过《无耻混蛋》《围捕》和《死亡之屋》等影片。

利器050

掌握香水喷洒方法

销售人员在向顾客推荐香水时，一定要适时地让顾客试用香水，因此必须掌握准确的喷洒香水的方法。

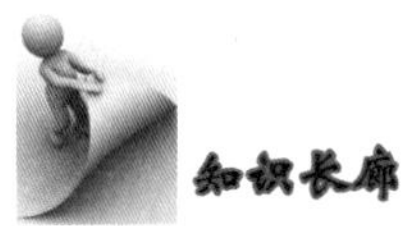

对不同性别的顾客，采用不同的喷洒方法。

一、女性顾客

（1）轻轻托起顾客手腕。

（2）在适当距离内将香水喷洒在顾客手腕内侧，距离以不喷湿顾客皮肤为宜。

（3）继续托着顾客的手让香水中的酒精挥发一下。

（4）利用这段时间向顾客介绍这款香水。

（5）举起顾客的手腕让她自己闻一下香味。

二、男性顾客

（1）在适当距离内将香水喷在顾客手背上，以不喷湿顾客皮肤为宜。

（2）轻轻煽动，让香水中的酒精挥发一下。

（3）利用这段时间向顾客介绍这款香水。

（4）让顾客自己闻一下香味。

第五章
包罗万象

包不仅用于存放个人用品，也能体现一个人的身份、地位、经济状况乃至性格等。一个经过精心选择的皮包具有画龙点睛的作用。

包饰的兴起与服装的演变有着密切的联系，第一个束上长绳的渔网状的小袋成为名副其实的“包饰”，成为人们衣着打扮中不可缺少的一部分。

利器051

贝嫂爱马仕包包不离手

点石成金

每个奢侈品牌都有着其固定的消费群体，其中不乏许多知名人士，销售人员可以利用你所知道的知识进行推销。

知识长廊

如果是爱马仕包的销售人员，你可以这样说：“这可是贝嫂从不离手的包包哦！”当然，如果你是其他品牌的销售人员可以寻找与本品牌相关的名人来予以例证，说明自己品牌的价值。

情景再现

销售人员：您看看这款包，我们爱马仕包一直是贝嫂的最爱，贝嫂一直是时尚代言人和潮流引领者。她那种性感而又帅气的着装更是形成了自己独特的着装风格。她的出街造型永远都少不了爱马仕的经典包包。相信您拥有这款包后，也会形成自己的独特风格。

图5-1　图片展示

顾客：是吗？这是贝嫂最爱的包包！我老公可是贝克汉姆的忠实粉丝，那我就要一款贝嫂最爱的包。

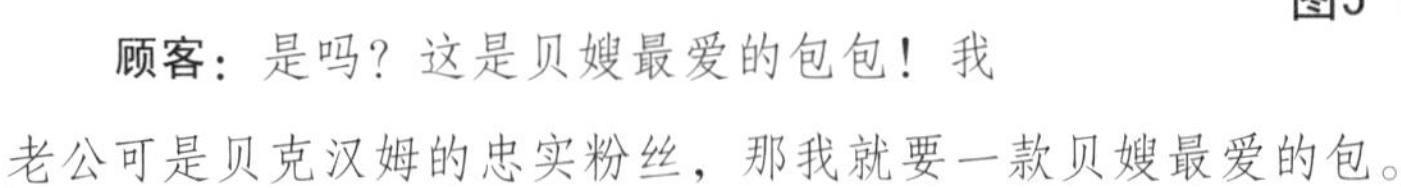

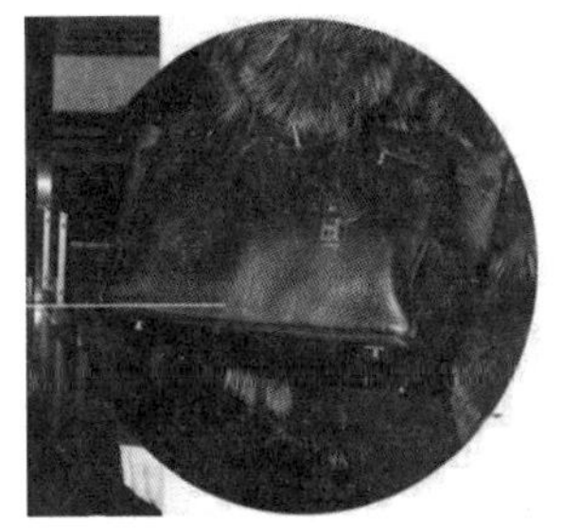
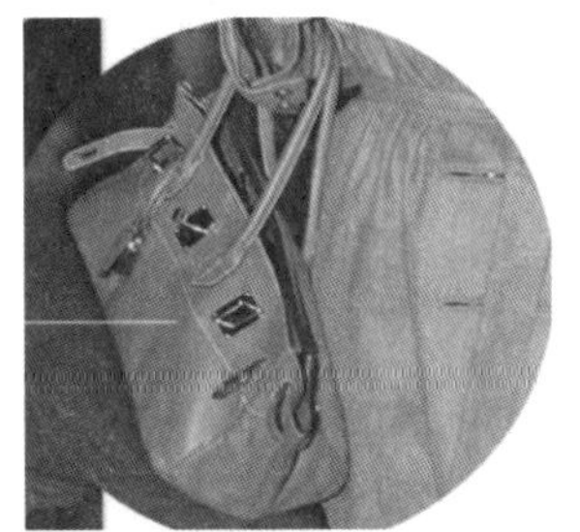

图5-2 图片展示

情景再现

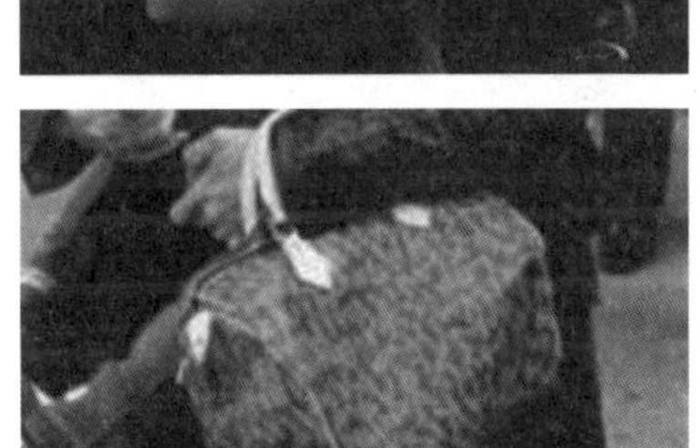

图5-3 图片展示

销售人员：虽然大牌包包如过江之鲫，但是Louis Vuitton却永远拥有属于它的位置，因为LV的包包一直都是明星们最爱的手袋之一。几乎每天我们都可以看到大小明星们拎着最新款或者经典款的LV包包登场。

顾客：有哪些明星喜欢用你们的包包呢？

销售人员：如年轻女性代表Ashley Tinsdale，麦当娜，Jessica Simpson，Katie Price、Freida Pinto等。

顾客：你对这些明星可是如数家珍呢？

销售人员：这是我作为LV包销售人员必备的一种素质，当然也是LV忠实粉丝的原因。要不您也加入到我们LV包家族中吧！

利器052 总有一款适合您

点石成金

奢侈品牌为何受到众多人士的追捧，这与其特有的气质是相配的。以包为例，它可以满足几乎所有人所需要的款，因此，作为销售人员一定要为顾客寻找到合适的一款。

知识长廊

对于有的品牌，可能给人的印象是属于某一种年龄阶段的。例如凯蒂猫在大多数人印象中就一定是小女孩儿风格？如果你是凯蒂猫的销售人员，你应该如何为顾客推荐呢？打破人们对品牌的传统印象，寻找到一款适合您顾客的包包。

对于奢侈品牌，更多的是具有一种简单、大方、干练的特色。

情景再现

顾客：你们凯蒂猫的包包都是小女孩儿的，没有适合我的。

销售人员：我们的包风格多样，从复古到时尚、从可爱到成熟、从活泼到优雅，总有一款适合您！您可以试试。

图5-4　图片展示

顾客：这款手袋适合我吗？

销售人员：当然，这款Berkeley手袋的名称取自伦敦著名的柏克莱广场，袋型别致，质感柔软，是为都市时尚人士而设计的日常袋款。

顾客：是吗？

销售人员：它的带子可以调节长度，可以挂腕、臂挽和肩背，Louis Inventeur金属徽章缀以皮革镶边和铆钉。Damier帆布，微纤维衬里，光滑皮革角及包边，可以说是简单却不乏时尚大方。

图5-5　图片展示

顾客： 这款大红色的手袋还挺好的。

销售人员： 请问女士您工作中需要放文件吗？我看您这个袋子里好像放着一些文件。

顾客： 是啊，这些文件太大了，我的包又太小，只好另外用一个袋子装着。

销售人员： 那这款Belleveue大号手袋可以说是专门为您设计的了，它的风格简约，肩背式设计，可以容纳A4纸张大小的文件。要不您把您的文件放进来试一试，看合适不？

路易·威登（Louis Vuitton）

路易·威登创立于1854年，现隶属于法国专产高级奢华用品的Moet Hennessy Louis Vuitton集团。

Louis Vuitton路易·威登是法国历史上最杰出的皮件设计大师之一。路易·威登于1854年在巴黎开了以自己名字命名的第一家皮箱店。

“路易·威登”已成为全世界箱包和皮具领域的第一品牌，也是国际奢侈品第一品牌，而且也成为了上流社会的一个象征物。

利器053

同绯闻女孩“S”一样受宠

相信每个人都喜欢受到他人的宠爱，善于从品牌中寻找到噱头，这也是销售人员所必须具备的素质。

现在，香奈儿包包的代言人是热门美剧《绯闻女孩》（*Gossip Girl*）女明星布莱克·莱弗利。布莱克·莱弗利一直受到香奈儿和“老佛爷”卡尔·拉格菲尔德（Karl Lagerfeld）的宠爱。

如果是香奈儿的销售人员，你可以利用这一噱头向顾客推荐香奈儿包。如果没有人宠你，那么就买一个香奈儿包，自己宠自己；如果有很多人宠你，那么你也要买一个香奈儿包，让更多的人宠你！相信这一定是一个不错的话题。

顾客：你们香奈儿包的代言人换了？

销售人员：是的，我们香奈儿包现在的代言人是布莱克·莱弗利，就是热门美剧《绯闻女孩》中的女明星布莱克·莱弗利。

顾客：我就看着这么眼熟，原来是她呀？我前几天刚刚看完这部电视剧呢。

销售人员：是吗？那您一定要挑一款她刚代言的最新款包来作为纪念了。布莱克·莱弗利可是我们香奈儿的宠儿。

图5-6　图片展示

普拉达（Prada）

1913年，意大利人Mario Prada创立了Prada，以设计制作和售卖手袋、行李箱、短裤和鞋履为主。Mario Prada在米兰开设了两家时装店（boutiques）售卖自己的产品。

最初的Prada行李箱采用海象皮制造，重量不轻，实在不适合带它上飞机去旅行。因此，Mario Prada将其改为采用轻便而耐用的皮革来制造行李箱，又研制出防水布料（Waterpro of fabrics），销售到美国去。由行李箱和手袋起家，一直蓬勃发展及扩张，成为闻名世界的意大利品牌之一。

利器054
包，男人“心”所在

不要认为男人不需要包，现在越来越多的男人也有着自己钟爱的包。

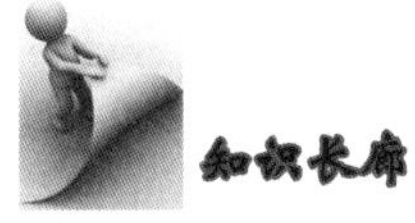

有人说：包，收藏着男人所有的事业心与潜在的野心，也收藏着男人的十八般武器。男人也需要包，虽然与女人绚丽缤纷、如影随形不同。

男人的包通常更注重功能性，将物品放置得井井有条，以便在职场中出色地发挥。因此，销售人员在向男性顾客推荐包时，要以包具备的功能为主推荐。

销售人员：先生，您需要经常出差吗?

顾客：是的，一年大多数时间都是在出差。

销售人员：××包是经常商务旅行男士的首选，可是旅行系列的名牌，在不同型号和款式的旅行箱、旅行皮包和电脑包中一定有您喜欢的选择，质量绝对可靠，您大可放心购买。

顾客：这个拉杆箱还不错。

销售人员：先生真有眼光，这是我们今天的新款，昨天才上架。它拥有流线型外壳，Aero-PC使用的PC是拜耳公司最著名的Makrolon品牌，2004年雅典奥运会大型透明的场馆的顶部使用的材料也是Makrolon品牌。非常轻、抗撞击。外壳的棱纹设计更耐撞击，不易划伤。此外，还具有特殊的轮子，两个大的后轮和两个小的前轮，轮子噪音小，是日本著名Hinomoto公司的专利产品。

利器055

透过拎包姿态"识"男人

销售人员在向男性顾客推荐包时，一定要注意观察他是否携带着包，如果有，你就可以根据他所用的包来推荐。

男士包的携带方式一般有手提的、肩挎的或者轻便地夹在腋下的，每一种拎包姿态从某一角度来讲，都可以代表男人的内心世界。

比如喜欢手提包的男人，平时一定不喜欢带包出门，或者他是一种盲目随众的心理，有追求成熟和追赶时髦的欲望。

喜欢挎包的男人多半很年轻，具有一种朝气和活力，个性上有一点我行我素。

喜欢在腰上挎包的男人，喜欢运动，讨厌死板的着装风格，一般是脚踏实地的实用主义者，是什么样的身份就会去做什么事。

喜欢在腋下夹包的男人，大多很好面子，喜欢追求时尚讲究品牌，需要得到别人的尊重和认可。

顾客：您看我用这款包可以吗？

销售人员：先生，当然可以。×××是专门为时尚的高端人士而准备的，它的色彩明快鲜艳，款式年轻化，无一不体现出激情活力和动感时尚。

图5-7　图片展示

销售人员：先生，路易·威登在手袋中是最具权威性的品牌，这才能与您现在的身份相匹配。

顾客：我现在的身份？您认为我现在是什么身份？

销售人员：我不知道您从事的职业，但是我猜您肯定是一位具有决策领导权的人，是一位成功人士。LV选料严谨，做工精致，设计简雅，颇有大家风范，因此还具有一定的收藏价值。所以选择它，绝对不会让您后悔的。

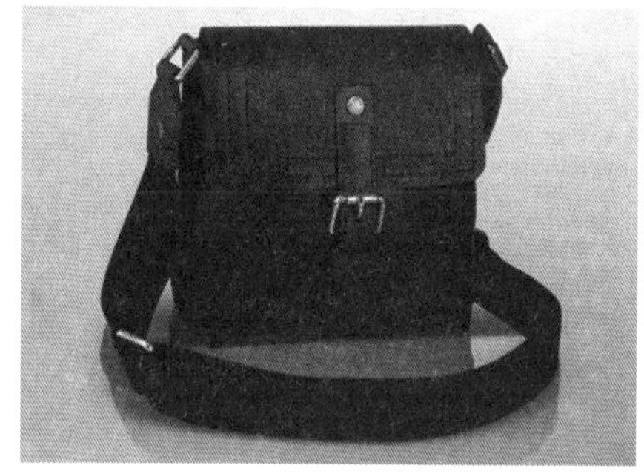

图5-8　图片展示

销售人员：先生，您想要哪一款包？

顾客：我对包相当挑剔，要仔细看看。

销售人员：爱马仕拥有160多年的品牌历史，相信最为挑剔的男人也会对我们爱马仕无从挑剔。每一个爱马仕包都是一件艺术品，有着浓浓巴黎情怀的浪漫灵感、时尚先驱的时尚品位、手工制作的精湛工艺、精挑细选的高贵品质，是每一位极具品位男士的钟情至爱。所以，您一定可以挑到一款适合您的。

爱马仕（Hermes）

爱马仕（Hermes）源于1837年以制造和分销马具用品起家的一家法国高级马具店。经过漫长的发展，Hermes第三代接班人在第一次世界大战期间远渡重洋到美国，目睹了马车时代的终结和汽车工业的崛起，他做了两个关键性的决定：一是将主力商品从马鞍转到手提包；二是即使改变商品，但制造过程仍坚持传统手工制作，并在内侧标明由哪位工匠所制，而客人日后需要保养维修，也只可由同一工匠负责。

这种售后服务间接促使了后来因王妃Grace Kelly和女星Jane Birkin而得名的Kelly bag和Birkin bag的出现，这两款包可以说是时尚界知名度最高最受欢迎的皮包，历久不衰。

利器056

我们永远追求完美

点石成金

一个好包，是一个人身份的象征、一个人品位的体现。因此，对于追求完美的人，必须拥有一款完美的包。

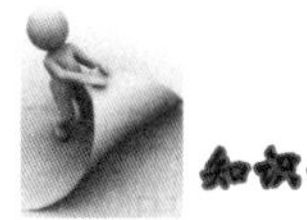

知识长廊

每个品牌都有其独特的品牌文化、品牌气质。如普拉达创始人为了要求最好的品质，坚持向英国进口纯银，向中国进口最好的鱼皮，从波希米亚运来水晶，甚至将亲自设计的皮具交给一向以严控品质著称的德国生产，可见其追求完美的态度。

作为奢侈品包的销售人员，要向顾客展示产品的完美所在，要让顾客感觉到他要拥有这样的一款包，才会更加地完美。

图5-9　图片展示

顾客：这款包看着简洁、冷静而又不乏灵动所在。

销售人员：小姐，这可是当今名媛最爱的一款包。您看这款包设计主打强烈的透视感，以水晶吊灯为灵感，借着水晶、树脂玻璃和PVC等材质，展现透亮的风格，袋口装饰满是闪耀的树脂玻璃，让人目不转睛，抢眼度100%；手拿包以转扣式开阖，内含1个拉链式口袋，皮革内里；附肩背带，手拿肩背皆高雅时尚！

情景再现

销售人员：女士，您看这款大号保龄球包，对比皮革饰边，顶端拉链封口，轧制皮革双手柄，撞色凸起皮革裁片，可拆式扁平肩背带，抛光金属名牌镌刻Burberry标志，与您的气质相当吻合。要不您试试？

情景再现

销售人员：小姐，您看这款雅致手包，行李箱式缝线，束带按扣封口，凸起皮革滚边及装饰设计，内侧还设有拉链口袋。

图5-10　图片展示

利器057

为顾客细心介绍保养方法

点石成金

对于奢侈品包，需要做好平日保养才能让包更加靓丽。销售人员在顾客购买之后，一定要让顾客严格按照保养说明操作。

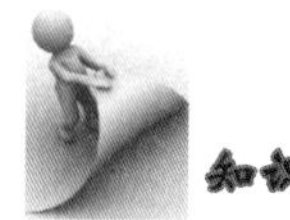

知识长廊

皮包长期不使用的时候，需要用皮革保养液清洗其表面，且皮包内要放入干净的碎纸团或棉衫，以保持皮包的形状，皮革本身的天然油脂会随着时间或使用次数过多而渐渐减少，因此，即使是很高级的皮具也需要定期做保养。

（1）经常保持手袋干爽。如手袋沾湿或受潮，会导致变形；勿让手袋负荷太重，勿将光面皮包放入胶袋内；不同色的手袋，勿紧贴放在一起。

（2）皮革吸收力强，应注意防污，高档磨沙真皮尤其要注意。

（3）若皮包上有污渍，用干净的湿海棉蘸温性洗涤剂抹拭，然后让其自然干，正式使用前可在不显眼的角落试用一下。

（4）如在皮革上打翻饮料，应立即用干净的布或海绵将之吸干，并用湿布擦抹，让其自然干。切勿用吹风筒吹干或放在太阳下曝晒，否则会出现爆裂现象。

（5）若沾上油脂，可用布擦干净，剩余的由其自然消散，不可用水擦洗。

（6）不可将皮包放置阳光下曝晒，它将导致皮革干裂和褪色。

（7）优质皮革表面不免有细微伤痕，可借由手部体温与油脂使细微伤痕淡化。

（8）皮包不慎产生皱痕时，可使用熨斗设定成毛料温度并隔布烫平。

（9）皮包上五金的保养，应在使用后以干布擦拭，千万不可用水擦拭，以免微氧化，可试以面粉或牙膏轻轻擦拭五金。

(10) 漆面皮革一般用软布料擦拭。

(11) 光泽皮革请使用少许皮革保养专用油沾于软布料上，再稍用力在皮革上磨擦。无光泽皮革用布轻拭，若污垢严重时，可用类似橡皮的橡胶轻轻擦拭去除。

(12) 皮包如产生斑渍黑点，可试用同色皮料蘸酒精轻拭。

(13) 绒面皮革须用柔软动物毛刷除去表面尘埃与污垢。

顾客：好了，就要这款了！帮我包好吧。

销售人员：小姐，请允许我用两分钟时间向您介绍保养方法。可以吗？

顾客：我现在也不急，你给我讲讲吧。

销售人员：谢谢您！首先包一定要保持干燥，存放于通风阴凉处。如果把皮包弄湿了，可先用干毛巾吸干水分，再把报纸或干净的卫生纸塞进皮包，并存放在通风阴凉处风干，千万别直接放在太阳下曝晒，那样会使皮包退色、变形。此外，真皮皮包不用时，最好置于棉布袋中保存。包内最好塞入一些软卫生纸或报纸，以保持皮包的形状。

顾客：这么麻烦。

销售人员：您只要严格按照保养方法操作就可以了，如果有什么疑问可以随时打电话或者送到店里，我们随时为您提供服务。

销售人员：小姐，这款包是皮草包，现在我向您介绍它的保养方法：皮草最怕阳光、高温，还有潮湿，所以不用时要先用掸子将灰尘掸掉，再放入防尘袋内保存，并加放干燥剂，放在干燥通风的地方，避免阳光直射。想要维持蓬松的皮草状，只需轻轻抖动，皮草就会自动松开。如果皮草不小心沾湿，千万不要用吹风机吹干，只需要用干布擦干，再放在阴凉通风的地方风干就可以了。

顾客：如果不小心弄脏怎么办呢？

销售人员：记住千万不要用水直接冲洗，蘸少量酒精轻轻擦拭脏污的地方，再用清水轻擦干净，最后放在通风阴凉处风干。

顾客：这个皮包的保养重点是什么？

销售人员：先生，首先要用干布蘸保养液均匀搓揉，擦拭包面，等干后再用干布擦去灰尘，然后根据包包的色彩挑选同色的保养皮革乳均匀擦在皮面上，最后使用干棉布或皮革专用磨光布为包包制造光泽感。

顾客：如果不小心沾到水呢？

销售人员：如果不小心沾到水，为了不让包包干后有色差，可以用湿布将其他部分也沾湿，再放到干燥、空气流通的地方风干。如果已经发霉要先用微湿棉布擦去霉点，再进行一般保养。

顾客：还有哪些需要注意的？

销售人员：若是沾到原子笔渍，不严重的话可以用擦皮擦清除；不同色系的包包不能放在一起，以免相互染色。

顾客：这个帆布包包要怎么保养呢？

销售人员：小姐，帆布包一向以耐磨耐脏著称，保养的方面帆布和皮革要分不同方式处理，皮革比照一般皮革，可以塞报纸以维持弧度不变形，帆布避免放在阳光直射、高温的地方，并保持干爽；帆布的清洁可以棉布、软毛刷轻擦掉灰尘，有小脏污则不妨沾一些清水和肥皂轻擦，内里也是同样的保养方式。但是如果太过严重还是要找专业清洗包包的店家处理。

销售人员：先生，让我向您介绍这款鹿皮包的保养方法吧？

顾客：不用了吧，我到时候送到专业的清洗包店去就好了。

销售人员： 可以，可是我建议您还是听听我的介绍。因为轻微的脏污是可以自己处理的，通过一般保养或使用鹿皮橡皮擦清除即可，如果遇到发霉的情况可先用短软毛刷将霉刷除，再进行一般保养。

顾客： 那一般的保养方法是怎样的？

销售人员： 鹿皮的一般保养是以海绵蘸鹿皮保养液来回擦拭，或者使用鹿皮保养喷雾，离包包25厘米处均匀喷湿，静置阴凉通风处1小时阴干后，再使用短软毛刷以（同方向）刷整表面就可以了。

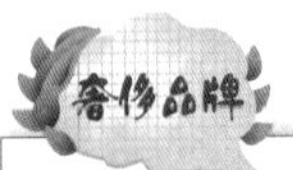

蔻依（Chloé）

Chloé

蔻依来自法国巴黎，品牌创立于1952年，诞生时只有女装，后来逐渐增加眼镜、香水、手袋和鞋靴系列。

1952年，蔻依的诞生扭转了50年代初法国女装的僵化古板风格，创造了蔻依强调女性曲线、柔和浪漫，并带有一点挑战精神的摩登法国时装。

1963年，蔻依聘任卡尔·拉格菲尔德为品牌总设计师。卡尔·拉格菲尔德不负所望，延续蔻依的浪漫轻柔风格，并发扬蔻依的品牌精髓。蔻依的波希米亚形象成为70年代最流行的穿衣风格之一，卡尔·拉格菲尔德也从此奠定了其时装大师的地位。

80年代末期，蔻依由马丁·斯特本掌舵。马丁·斯特本1951年出生于北非的卡萨布兰卡，10岁时来到巴黎，后专门学习高级时装制作。她曾在国外旅行7年，先后去过中国香港、墨西哥、印度等地，印度对她的影响很大。1992年，卡尔·拉格菲尔德回蔻依再度出掌创作总监，再次带来惊喜，为蔻依女装渗入不少嬉皮士创新元素。

1997年，卡尔·拉格菲尔德再度离开，斯特拉·麦卡特尼继任创作总监。她喜爱运用丰富的想象力，来替线条修长、布料轻逸的成熟衣服加添一点玩味。

2001年，菲比·菲罗接任创作总监。她延续浪漫及华丽的设计精神，以轻逸、年轻、活泼再加三分怀旧为品牌风格。

利器058

了解箱包皮料分类

点石成金

作为箱包销售人员，必须对箱包常见材质有所了解，这样才能更好地为顾客介绍箱包。

知识长廊

箱包的材质一般包括以下几种：

一、真皮

图5-11 图片展示

真皮泛指各种动物的皮，包括牛皮、羊皮、猪皮、马皮、鳄鱼皮、鸵鸟皮以及其他动物皮。常见的有牛皮、猪皮、羊皮。真皮属于多孔性物质，具有通气性，但容易受潮，切口处由表面向里层是从密到松散的组织变化，并有皮革纤维。真皮摸上去有弹性、柔软、滑爽、皮纹不规则，手感凉。

二、PU、PVC

消费者一般都会把真皮以外的合成革如PVC、PU革统称为人造革或仿皮。

PU、PVC的区别方式比较容易，从边角看PU的底布要比PVC厚许多，手感方面也有区别，PU的手感柔软一些，PVC的手感较硬一些；也可用火来烧，PU的味道比PVC的味道要淡很多。PU革的物理性能要比PVC革好，耐曲折、柔软度好、抗拉强度大、具有透气性（PVC无）。

三、帆布

一种较粗厚的棉织物或麻织物，因最初用于船帆而得名。帆布通常分粗帆布和细帆布两大类。粗帆布又称篷盖布，织物坚牢耐折，具有良好的防水性能，用于汽车运输和露天仓库的遮盖以及野外搭帐篷。细帆布用于制作劳动保护服装及其用品。经染色后也可用作鞋、旅行袋、背包等面料。

四、牛津布

牛津布也称牛津纺，原为色织物。具有易洗快干、手感松软、吸湿性好、穿着舒适等特点。简单的说，牛津布比帆布要耐磨，也比较硬一些。

五、漆皮

漆皮是把一些真皮的零碎皮料打成浆，然后再制成皮，塑料感强烈，外表光亮。皱皱的漆皮是目前广泛使用的，手感好，皮身柔软而不失牛皮特性，制成的包包非常舒适。

图5-12　图片展示

巴黎世家（Balenciaga）

巴黎世家的标志性包包是机车包，该款式只换了材质就风靡了半个世纪。近几年流行势头一直都是直升不降。这款包首先是被*Vogue*等杂志推荐，随后很快就在明星街拍中被妮可・里奇、林赛・罗韩、帕里斯・希尔顿、莎拉・杰西卡・帕克等人陆续捧红。

在繁忙的生活节奏中，一款实用性超强、充满复古气息却又带流行元素的机车包是每个时尚女性最好不过的选择。色彩的繁多与款式的中性，没有矫揉造作却多了份摇滚率性，是张扬自己与众不同个性的最佳选择。

利器059

熟悉箱包特性和结构术语

箱包销售人员在向顾客介绍商品时，可以介绍顾客重点关注的部位，如肩带、拉链等。因此就必须十分熟悉这些关键部位的相关特性及结构术语。

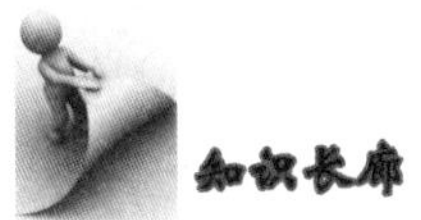

一、肩带

肩带的面料一般是袋身“面料”或“配料”做的，结构是正反两层，中间粘了一层托底或“皮糠纸”。肩带与袋身的衔接一般是“挂钩”或者“圆圈”类的五金。

二、拉链

拉链是由拉链、拉头和拉牌三个部分组成。拉链的两边一般都是尼龙材质，中间的“拉链牙”主要分“胶牙”（塑料拉链）和“金属牙”（金属拉链）两种。

图5-13　图片展示

销售人员：您看，这款包金属拉链拉时顺畅，不会有拉不顺的感觉，拉时声音也不会很响亮。拉头与拉牌之间不会脱落，拉牌牢固，不会拉开，不易变形。

三、袋身

袋身的面料叫“主料”，手挽及袋口还有包边的面料叫“配料”。袋身的结构一般是三层：

（1）外面的是面料。

（2）中间一层是托底PVC或纸板、海绵、“轻胶”“回力胶”“皮糠纸”等材质。

（3）最里面的一层是内衬，内衬常用的是尼龙料、帆布、棉布和丝光料（有丝绸特性的一种面料）等。

图5-14 图片展示

四、面料

面料相关知识见“利器09”箱包材质分类的相关介绍。

五、五金

箱包上配装的拉链、金属环、金属扣、箱包底部的铆钉及用金属材料做的LOGO，所配五金的质量是评定箱包档次的一个方面。

第六章
腕表风情

稍纵即逝的时间，在美轮美奂的腕表中呈现，留给每个拥有者无尽的浪漫时光。一款经典的腕表，哪怕只拥有一件，都值得一生珍存。

腕表，如今已经是一种象征，一个人的品位、价值都能从这里体现。腕表追求的是一种经典之中的经典，无论是百达翡丽、积家、万国还是江诗丹顿都是表中的佼佼者。我们更要在时间中寻找人生的价值！

利器060

强调腕表经久不衰的魅力

作为奢侈品腕表，它所具有的已经不是价格所能衡量的了，更重要的是腕表所具有的价值。那么，作为销售人员，首先你自己必须了解腕表所具有的价值，这样才能在为顾客推荐时让顾客产生信任感。

销售人员：先生，问您一个问题，如果手上有3000万元，您会拿来买栋房子还是情愿换一只价值不菲的名表呢？

顾客：这个问题有什么含义，你不就是想让我买你们的腕表吗？大家都知道如今房地产行业不景气，我无论怎么投资都不会在此刻投资房地产。

销售人员：先生果然是一位行家高手，但是我说的是腕表的文化价值，“文化价值传承是腕表历久弥新的意义所在”。腕表作为经久不衰的顶级奢侈品，得到越来越多人的追捧。

顾客：是啊，我也是众多追捧者之一，这不才来看表了吗？

销售人员：那就让我抛砖引玉，为您介绍腕表的文化价值所在吧！腕表不止是报时那么简单，没有哪一件奢侈品可以像腕表一样，使用率如此之高。一块价值连城的腕表珍品，可代代相传，成为传世之宝。腕表艺术品可不是一般人能够拥有的。

顾客：听着挺有道理的，还有其他什么？

销售人员：腕表更包含着浓厚的情感因素，它让我们明白，恒久的不是爱情和钻石，而是时间。生命的意义在于血脉相传，将奢侈品名表传至下一代手中，继续与下一代一起守望时间。这些便是腕表收藏经久不衰的魅力所在。

利器061

说明腕表象征身份与地位

小小一块手表，动辄成百上千万元，这不禁让人想起一句老话——时间就是金钱。不得不承认，手表是最易让男人欣喜若狂的物品之一！男人对精密机械的那份狂热似乎是与生俱来的。因此，销售人员可以借助这一点来向顾客推荐。

情景再现

销售人员：商场如战场，平时您可以随意一点，但在商务活动中则需要足以傲世群雄的重装备。因此您可以将商务礼仪中男性不可或缺的符号——正装腕表置办齐备！

顾客：是吗，腕表有如此强大的力量。

销售人员：当然，对于您这样经常出席商务场合的人士，顶级品牌正装表往往会成为谈判成功的秘密武器。因为这一块表，您便已赢得了对手的敬重。

顾客：我已经有了一款××牌的腕表，现在想看看你们这款腕表有什么特色。

销售人员：先生可真是一位高人，如今手表已不仅仅只是人们对于时间的要求，也成了人们身份、地位的象征。我们的腕表拥有的高质量机芯及经典外形，可以体现出您的身价。

利器062

体现品牌具有的收藏价值

销售人员在向顾客推荐手表时，一定要强调该品牌腕表所具有的收藏价值。

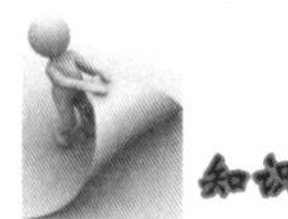

手表的收藏始于20世纪80年代中期。1985年，美国上层社会的一些名流忽然戴上了“二战”以前的老表，并且这股风潮很快席卷了全球。一些有眼光的收藏、投资家开始关注并且迅速加入到收藏手表的行列，手表成为了收藏界的新宠。20多年来手表收藏热一浪胜过一浪，从各大拍卖行的屡屡高价成交中不难看出，人们对手表收藏的狂热与日俱增。

图6-1　图片展示

销售人员： 挑选具有保值与升值潜力的品牌，就决定了这块表90%的价值。我们的品牌绝对是贵族的标志。我们公司是瑞士仅存的真正的独立制表商之一，训练一名制表师需10年时间。本公司为美国一位银行家定制的一块手表，其成交价高达1100万美元。这块表具有24种功能，设计时间花了3年，又用5年时间才制成。

顾客： 你对你们品牌很了解嘛！我当然知道你们的品牌在腕表界的地位，也相信你们的品牌价值。

销售人员： 宝玑创始人宝玑被称为“现代制表之父”，他一生中创造了无数伟大的发明，如改良自动表、发明自鸣钟用的鸣钟弹簧以及避震装置等。新古典主义的简洁设计更予人惊喜。宝玑的忠实用户有：爱因斯坦、作家柴可夫斯基、法国路易十六、英国维多利亚女王等。可见我们宝玑的品牌价值了！

情景再现

销售人员： 卡地亚可是上流社会的宠物，卡地亚家族在19世纪中叶已是闻名遐尔的法国珠宝金银首饰制造名家。路易·卡地亚是当时颇受皇室权贵赏识的金饰工艺家。1888年，卡地亚尝试在镶嵌钻石的黄金手镯上装上机械女装表。

情景再现

销售人员：江诗丹顿创立于1775年，历史十分悠久，江诗丹顿公司创始人是哲学家让·马克·瓦什隆（Jean Marc Vacheron），学识渊博，技艺精湛，是钟表业的一代宗师，也是卢梭和伏尔泰的好朋友。他成立了世界上第一家表厂，这制表厂就是江诗丹顿的前身。1891年，Vacheron的孙子和Francois Constantin携手合作，表厂的名字改为Vacheron Constantin——也就是表厂今日的名字江诗丹顿。

销售人员：欧米茄是第一块也是唯一一块在月球上被佩戴过的手表。配戴欧米茄手表，代表成就与完美，欧米茄这个钟表业与广告业都闻名的名字源于希腊字母（omega），始于1848年，深受品位人士喜爱。欧米茄更邀请一些名人作为形象大使，如舒马赫、花样滑冰冠军陈露、瑞士头号网球手辛迪斯、皮尔斯·布鲁斯南。

情景再现

销售人员：积家公司的前身是1883年由查而斯·安东尼·拉考脱所创立的制表公司，创始人是一位能工巧匠。他发明了能够将测量的准确度精确到1/1000毫米的“微米仪”，使钟表零件的加工精度大大提高。1992年积家制造出创“吉尼斯纪录”的微型机芯2令表（1令=2.256毫米），震动了钟表界。1953年，英女皇伊丽莎白二世戴的就是一块全白金的镶嵌钻石的积家2令表。2008年全球仅一块镶嵌3000余颗宝石玫瑰的腕表，价值6908000元。

情景再现

顾客：除了品牌之外，如何才能挑选一款具有收藏价值的腕表呢？

销售人员：首先稀有材质与工艺技术也能增加腕表价值，但重点除了宝石本身的质量之外，工艺更为重要。蛋白石、玉、珊瑚与钻石多变的珠宝腕表，或采用珐琅彩绘的表盘，让腕表如同艺术品一般，值得收藏。

顾客：那还有其他哪些方面？

销售人员：其次就是机芯设计，因为制表工艺与技术，重点就在于机芯。

机芯的挑选，最简单的分别就是机械表绝对胜过石英表，石英表机芯来自IC电路，会随时间老化被淘汰；而机械表只要保养得当，使用百年绝对不成问题。机械表最有价值的地方，就在于通过小小的机芯却能把日历、星期、月份、报时等各种复杂功能展现出来，也展现了表厂独特精湛的技术。

图6-2　图片展示

顾客：你们这款腕表能否保值？

销售人员：腕表保值与否跟采用的金属有极大关系。一般来说，一块腕表的制作，机芯大多采用黄铜，表壳的部分则有黄K金、玫瑰金、白K金与铂金四种，价位与保值最佳的首先是铂金，其次是黄K金、玫瑰金，最后是白K金。我们这款腕表的表壳是铂金，是最具有保值价值的，所以您尽可以放心购买收藏。

利器063

卖的是“浪漫”而非“产品”

点石成金

一直以来，手表都只被看做是记录时间的工具，殊不知，手表也有其独特的浪漫物语。手表不只是一个工具，它有着自己的心声、自己的浪漫。

知识长廊

每一种款式的手表，都有它自己的意义。奢华的，是地位与身份的象征；简约的，是坚强与果断的象征；秀美的，是灵动与温柔的象征；可爱的，是甜美与纯真的象征。每一款，每一刻，都在诉说着一个故事。

气质熟女腕间的一抹轻盈，含蓄男人腕间的一款庄重，相恋情侣们腕间的一丝甜蜜……手表，它是腕间的精灵，每一刻，都在诉说着一个浪漫的故事。

因此，如果销售人员发现顾客是准备作为礼物送给妻子、丈夫、朋友或者是孩子，就要强调它所具有的浪漫价值。浪漫不一定只是存在于恋人之间，所有感情上升到一个高度都可以是一种美，美当然就可以是一种浪漫。

图6-3　图片展示

利器064

约会必备之物——腕表

如今，拥有一块腕表已经是一种时尚，对于约会，腕表也成为一种必备之物。销售人员可以以此为由头，向顾客推荐合适的腕表。

情景再现

销售人员：先生，您看看这款腕表，挺适合您的。

顾客：我现在觉得它对我来说还不是必备之品。

销售人员：如果您是在度假期间或沙滩闲暇之时，您可能不愿去考虑时间的流逝。不过，当您要参加一场重要的约会时，腕表便成了必备之物。

顾客：是吗？

销售人员：当然，从色彩缤纷的腕表中挑出中意的一款，这里为您提供了一种时尚的选择，会让您觉得它必不可少。

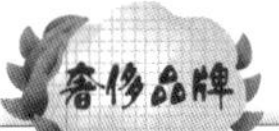

百达翡丽（Patek Philippe）

百达翡丽，是一家始于1839年的瑞士著名钟表品牌，其每块表的平均零售价达13000～20000美元。百达翡丽在钟表技术上一直处于领先地位，拥有多项专利，其手表均在原厂采用手工精制，坚持品质、美丽、可靠的优秀传统，百达翡丽以其强烈的精品意识、精湛的工艺、源源不断的创新缔造了举世推崇的钟表品牌。

利器065

特殊材质腕表冬日温暖首选

腕表表带有着不同的材质，销售人员要根据顾客需求为其推荐适合的腕表。

如果是在天气比较冷的季节，戴表的人常常会感到钢材质或者金属材质的表带一戴到手腕上便是透心凉。皮质的表带虽然解决了这个问题，但有时会让人觉得闷、不透气或者太过于普通。腕表表带，几乎是一块表接触皮肤最多的部分，舒服不舒服是相当重要的。

因此，销售人员如果是在秋天或冬天向顾客推荐手表时，就可以为顾客挑选特殊材质腕表。

销售人员：先生，您看看这款帆布表带的腕表吧！这是我们现在卖得最好的一系列表。

顾客：真的这么多人买？

销售人员：帆布不仅耐磨，而且透气性很好，随着使用频率的增高，那种长年累月的磨旧效果反而会让它看起来更酷、更男人。您如此年轻且有活力，选择它绝对没得说。

顾客：让我看看！

销售人员：这款汉米尔顿卡其野战系列腕表是军表，参与了多部军事题材的好莱坞大片，即便是普通消费者佩戴也毫不费力。它选用军绿色帆布表带，耐磨抗脏，100米防水更让您完全自在佩戴。

销售人员：这是一款以全新手法演绎经典的表，在内部不但配备了帝舵表独家研发的机械响闹功能组件，而且传承了原款腕表的特色。这块表的特别之处，就在于配有黑色织纹表带以供选择，不但让您彰显个性，而且保证了佩戴的舒适性。

情景再现

销售人员：先生，这款天行者腕表可是飞亚达为了纪念中国首次“太空行走”而推出的，表壳都是钛金属，表带采用特殊纤维织物，为的就是可以轻松地绑在航空服外，随时查看时间。

顾客：这还是为了纪念中国首次“太空行走”而推出的表？

销售人员：当然，所以是相当的具有纪念意义，您要不买一款作为纪念？

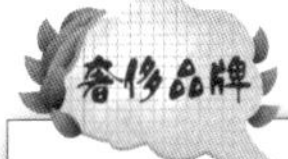

宝珀（Blancpain）

JB
BLANCPAIN

Blancpain的表匠对传统制表工艺的矢志不渝，令非凡创意及精湛技艺，虽历经十三代、250年的岁月洗礼，但仍杰出依然。Blancpain从未生产石英手表或质素平庸的手表。因为Blancpain只致力于制造艺术中的极品。

自1735年以来，Blancpain从未生产过石英表，这项宗旨将贯彻到底、恒久不变！现存历史最悠久的制表品牌Blancpain没有流水作业式的工厂，制造过程全部在古旧的农舍内进行，由个别制表师亲手精工镶嵌。直至今日，每一枚Blancpain时计均由制表师亲自检查、刻上编号及签名为记，其品质管制之严格，与多年前的做法无异。

利器066

展现绢带的娴静气质

当然，与绢带同时出现的一定是各种漂亮的女表，绢带表带的颜色变化范围非常大，触感更是美妙绝伦——非常柔和。此外，绢带的透气性、佩戴舒适性以及吸湿性都不可比拟，成为各个年龄层的女性都会喜爱的特殊材质表带。

更重要的是，绢带带给佩戴者和观赏者更多的是一种情怀，它可以演绎出柔情少女的羞涩之情，也能衬托出性感女性的迷人魅力，更让无数观赏者产生无限遐思。

销售人员：先生，您想买一款怎样的腕表?

顾客：下周是我女儿20岁的生日，想给她买块表作为纪念。

销售人员：那您看看这款吧，一般年轻的女孩儿都喜欢这款“开心”腕表，除了外形曼妙动人、内芯强大无比外，更别出心裁地在小牛皮外包裹了高级缎绢质红色表带，不但与整体的表盘设计融为一体，而且增添了一份雅致的感觉。

顾客：我仔细看看。

销售人员：这是一款超级好的卡地亚珠宝腕表，是我们现在卖得最好的一款女士表。

顾客：取出来我瞧瞧!

销售人员：您看，这是个异型的Tank系列，白色的绢带和贝母表盘相映成趣，横跨表盘的钻“结”充满个性，与您真的是很搭配。

顾客：我想找一款看着比较适合我的表。

销售人员：小姐，您看看这款富贵鸟机械腕表，不但娇艳欲滴，而且最重要的是机械内芯。如果您既爱表又追求“外表”，绝对不能错过！

雅克·德罗（Jaquet Droz）

J D
JAQUET DROZ

雅克·德罗（Jaquet Droz）在乾隆时代已经进入中国，它的创立者以制造鸣鸟机械、自动偶人早已蜚声欧洲皇室。如今表款汲取了古董表的设计，最特别的是加入了多种宝石材料以及传统的珐琅工艺制造表盘。

1721年，在瑞士的LaChaux-de-Fonds降生了一个男孩，名叫PierreJaquet-Droz（1721—1790），长大后由于对机械和钟表的兴趣以及制造天赋从而制作出一批精美的钟表、音乐盒和自动偶人，成为钟表史上最著名的人物之一。

雅克·德罗的产品由于装饰精巧、机械复杂而远销到东方。在它的顾客当中就有我国当时的清朝皇帝——乾隆，由此可见其产品的影响力。1992年的吉尼斯纪录还把18世纪90年代的JAQUET-DROZ女式表作为腕表的始祖。

利器067

充满创意的表带

一些品牌有自己非常特别的创意，虽然不一定是表坛的“独一份”，但独特个性已经足够引起顾客围观。销售人员可以以充满创意的表带向追求创意的顾客浓重推荐。

情景再现

销售人员：这块腕表看似是帆布材质，其实在帆布里面内衬了橡胶。是不是非常有创意？它们的组合运用到一块潜水表上就在于两者可以互相弥补对方的缺点及发挥各自的优点，橡胶耐氧性差，帆布防水，在一定意义上帮助橡胶隔离掉水对它的酸碱腐蚀。

情景再现

销售人员：豪雅高尔夫运动腕表表带采用的是硅橡胶材质，硅橡胶是有别于橡胶的一种材质，由于用在专业高尔夫腕表之上，这个材质的表带拥有超高的延展性和弹力，清理起来非常方便。它的高延展性保证腕表可以随着手腕的力量变化而自己调节，非常舒服地贴合于手腕间，避免了不必要的受伤。

销售人员：我们品牌最有名也最具特色的就是在皮表带当中嵌入橡胶。如

果只是皮表带，最初佩戴的时候你会感到很生硬，没有柔软度，但是加入了橡胶在其中，硬邦邦的皮子也可以变得柔软、有韧性，第一次戴在手上就觉得非常舒服。

图6-4 图片展示

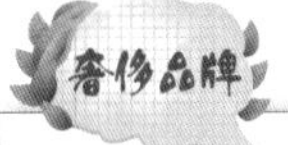

芝柏（Girard Perregaux）

GP
GIRARD-PERREGAUX

芝柏为世界十大名表之一，芝柏的两位创始者Jean-Francois Bautte和Constant Girard，被公认为匠心独具的制表者。18世纪末，Bautte推出超薄表，将缩小的复杂零件组合，绝妙技艺令人赞叹。Constant则较偏重技术提升，他不断设计更精细的计时机制，也埋首钻研更复杂的机芯，令著名的“三金桥陀飞轮”问世。

真正的表厂应该坚持自行生产，芝柏就是瑞士少数几家能设计生产机芯的厂家之一。每一块芝柏手表的机芯，都由专家用手工装嵌、刻花与装饰，通过几个不同制造步骤的品质测试；多数型号，都有不锈钢、玫瑰金、黄金以及铂金的不同版本；所有表壳都装有蓝宝石水晶玻璃；每一个型号，都有不同的表面供选择。

利器068

特款腕表，倾心之选

对于各种节日推出的特别款腕表，销售人员可以浓重推荐。

销售人员：母亲节要到了，您是否要为您的母亲挑选一款腕表呢？

顾客：我就是来帮我母亲挑一份礼物的。

销售人员：那请您看看母亲节特别款腕表，风格与优雅并存，真情呈现给每一位母亲。给妈妈一件精美之礼，一份不会放在抽屉里束之高阁的礼物，一份真正实用的礼物。同时这件礼物还富含象征意义，让妈妈想起那些为所爱的人无私付出一切的荏苒岁月。而且，拥有这款手表，妈妈能够同时拥有永不凋零的鲜花。

顾客：这款超薄腕表，真的让人一见钟情。

销售人员：您仔细看看，就能知道为什么它能让人一见钟情。魅力十足的表带恰似绣满鲜花的美丽锦缎。透明表壳和奶油色表盘，在12颗水晶组成的小时圈的点缀下，制造出抢眼的对比，使这块腕表无论从哪个角度看起来都熠熠生辉。这样的结合令腕表绝对契合每一个场合的需要。戴上这块表，肯定会吸引无数仰慕者，他们会不约而同地赞叹佩戴此表的女士的独特风格和品位！

顾客：是吗？

销售人员：如果您母亲确实想让这块新手表好好休息一下，可以将其放在小手提袋中，好好保管它，这个手提袋就像表带一样奢华而实用，而且就像小化妆盒一样，恰好能够放在她随手携带的包包里。

销售人员：流畅完美的线条、圆形简洁的轮廓，勾勒出腕表的极致优雅。翩翩旋舞的美钻紧紧环绕其周，颗颗闪耀动人，与白金或玫瑰金表圈相映成辉，仿佛雪后宁静的圣诞之夜。精湛工艺与时尚设计完美结合，让每一块腕表都成为无与伦比的杰出作品。不论是久别之后重逢相拥，还是浓情蜜意顾盼相对，让腕表为你记录人生中精彩难忘的一刻，留住荏苒里真情流露的瞬间。

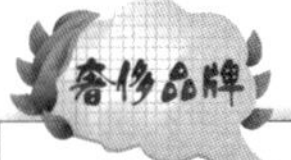

销售人员：这款系列腕表倾述现代女性果敢、独立的一面。简练妆容，举手投足尽显优雅，唇间点缀迷人的微笑，眼神闪耀坚定与自信。柔媚而不柔弱，自立兼具自由，环心闪耀的单颗璀璨美钻，正是她们内心坚韧独立、坚持自我的绝佳体现。将女人的独立与自我一一呈现，面对真实的自己，摆脱谄媚与逢迎，闪耀的您正在绚烂绽放。

奢侈品牌

劳力士（ROLEX）

“劳力士”公司的前身是“W & amp; D”公司，由德国人汗斯·怀斯道夫与英国人戴维斯于1905年在伦顿合伙经营。1908年，怀斯道夫在瑞士的拉夏德芬注册了“劳力士”商标，“W & amp; D”由此改为“劳力士”。

劳力士表最初的标志为一只伸开五指的手掌，它表示该品牌的手表完全是靠手工精雕细琢的。以后才逐渐演变为皇冠的注册商标，以示其在手表领域中的霸主地位。20世纪20年代，劳力士公司全力研制了第一块防水手表。

1926年，劳力士的防水表正式注册。劳力士手表的设计风格一直本着“庄重、实用、不显浮华”而受到各界人士的喜爱。

图6-5 图片展示

浪琴 (Longines)

1832年，瑞士人奥古斯特·阿加西在Saint-Imier开始经营钟表生意，后来他的侄子埃内斯特·弗朗西永继续拓展业务，并于1866年在瑞士LesLongines开了家制表工厂。

1867年，弗朗西永注册“Longines”公司，浪琴品牌正式诞生，同年第一块浪琴表机芯L20A面世。从1867年起，每块浪琴表都雕刻有飞翼沙漏标志。1880年，浪琴表在瑞士正式成为注册商标，它也是瑞士制表业中历史最悠久的商标之一。1885年，浪琴表在安特卫普国际展览中赢得第一个大奖。此后浪琴表获得一连串国际性殊荣，包括创下先后10次得到格林尼治大奖的纪录。

进入20世纪，腕表逐渐取代怀表。1905年浪琴制造出第一块机械腕表，1912年又推出极赋创新精神的方型腕表，将优雅的几何学设计引入制表业。1912年在巴塞尔举行的瑞士联邦运动会上，浪琴表成为全球第一个推出全自动计时器的制表商。

利器069

提醒顾客要定期保养

对于名表来说，保养的好坏，将会对其价值有着直接的影响，因此，作为销售人员在对客服务中，一定要及时提醒顾客定期对表进行保养。

顾客：名表也需要定期保养？

销售人员：虽然大多数表都注明是防水的，如30M、50M、100M等，但也有一部分注明是不防水的。由于结构上的需要，有的防水有的不防水，并不是说不防水的手表就不是好表。

情景再现

顾客：不是注明是防水手表吗，怎么还要注意那么多呀？

销售人员：虽然注明是防水的手表，生产出来时经过检验是防水，但不能保证您不保养使用一辈子都能防水。任何手表都不能戴着去洗桑拿浴和热水澡，因为垫胶冷缩后，热空气进入密封囊中不能出来，如雾气不及时处理，就会造成腐蚀、生锈，所以手表只能在正常情况下佩戴。

顾客：为什么呢？

销售人员：其实手表防水主要是靠很小的几个橡胶圈起作用，时间一长橡胶圈就会老化，失去弹性后就有缝隙，就可能导致进水、进气，所以要定期更换密封橡胶圈才能保证手表防水。

销售人员：机械手表靠齿轮运作，手表上会标明多少钻的手表，这个多少钻并不是说手表有多少钻石，而是说明手表有多少个齿轮轴是用钻眼的，一般都用人造钻石代替，由于人造钻石耐磨损，所以表的钻眼越多，手表相对走时的寿命会越长一点。

情景再现

销售人员：虽然K金的主要原料是黄金，但人手上的汗是酸性加上空气的腐蚀，时间一长就远没有新的时候漂亮，这就需要经常清洗抛光，使表保持长新。如果是K白金，时间一长外面银白层磨损，里面黄金暴露，就没有以前那么白，所以也需要定期保养镀白，才能保养长新。皮表带就更不用说了，汗渍的腐蚀会使皮带过早硬化开裂，正常保养应该避免多汗多雨时期戴皮带表。

玉宝（Ebel）

EBEL

玉宝表诞生在充满传奇历史的钟表王国——瑞士的沙得方镇（La-Chaux-de-Founds）。这里位处瑞士的心脏地带，是全世界的顶级制表大师云集之处，素有“钟表之都”的美誉。1911年，尤金布洛姆及爱丽丝夫妇二人在此地创立了玉宝（Ebel）表厂。

在随后的短短3年内，玉宝表厂即凭着其卓越的制表技术和完美的设计，在20世纪瑞士首届全国表展中获得金牌。

利器070

手表佩戴也有讲究

手表也像衣服一样，是分大小号的，原则上每个人都会根据自己的手腕粗细来进行选择。但是和衣服是一个道理，腕表也可以选择“紧身款”或者是“宽松款”。不过这也并非完全随心所欲，需要知道的是正装表、运动表、时装表，不同类型的表款究竟是该选择大一号还是小一号呢？因此，手表尺寸的选择，就是销售人员必备的知识了。

情景再现

销售人员：先生，您想买一款怎样的表呢？

顾客：我想挑一款正装表，出席重要商务场合时佩戴。

销售人员：先生对表可真有研究，一般正装表就像买西装一样，一定要选合身的。正装表通常是和西服搭配出现的，它的佩戴原则和西服也是一致的。如果一定要有些出入，那么正装表宁小勿大。具体到数字上就看您的个人需求，总的来说表径最好控制在33～40毫米之间。

顾客：是吗，还有这么多讲究？

销售人员：您看看这款万国柏涛菲诺，风格至简至雅、内敛、低调而且经典。正是这种内敛造型的风格胜过那些昙花一现的时尚表款，经久不衰。

顾客：这款表真时尚！

销售人员：小姐，这是我们刚推出的一款时装表，您要不试试？

顾客：可是感觉好大呀？

销售人员：一般来说大表比小表更能体现个性，更一目了然，更能博得眼球。这款腕表自诞生以来在经典中不断创新，成为爱表人士的必然之选。表壳直径44毫米，全新计时码表承袭了经典特征，结合大胆的创意及最佳的性能，打造出极致传奇的尊贵运动腕表。

销售人员：运动表一般都带有计时、秒表等功能，因此块头就做得更大，而事实上这种大块头也有着更好的表现，运动款无非就是要有活力，大是一个好方法。

顾客：这款看着挺不错的。

销售人员：这款腕表采用了18K永恒玫瑰金与904L钢两种材质，更显高贵。用于联系机芯的表圈采用了CERACHROM陶瓷材料，不但更加耐磨，还可永久保持色泽。表盘采用了白色漆面，并搭配玫瑰金、红色、蓝色、黑色等色彩，不仅美观，而且还非常易于读取时间。

图6-6　图片展示

第七章
精品鞋履

有一句俗话曾说道："阻碍我们前进步伐的往往不是身上的千斤重担，而是脚下那双不合脚的鞋子。"

舒适是鞋的灵魂，如果有人关注你的脚丫子，然后为你量身定做出一双绝世美鞋，那这双带着身份标签和独特气质的鞋将带给你舒适和快乐。这就是奢侈品鞋的魅力所在，每一款都是量身定做！

利器071

鞋子分类须了如指掌

点石成金

作为奢侈品牌鞋的销售人员，对于鞋的分类必须十分了解。所谓“干一行专一行”，既然选择了奢侈鞋销售，就必须熟悉鞋的知识。

知识长廊

一、鞋的分类

鞋的种类繁多，造型、款式、结构、用料、功能等都在日新月异地变化。目前常用的有以下几种。

1. 穿用对象

可分为男鞋、女鞋、童鞋、婴儿鞋和老年鞋。

2. 鞋的结构

可分为筒靴、中帮鞋、低帮鞋、浅口鞋、透空鞋、拖鞋等。

图7-1　图片展示

3. 穿用季节

可分为棉鞋、凉鞋。

4. 鞋跟结构

可分为平跟鞋、中跟鞋、高跟鞋、坡跟鞋、无跟鞋。

5. 制造工艺

可分为缝制鞋、胶粘鞋、注塑鞋、模压鞋、注胶鞋、硫化鞋等。

6. 鞋底材料

可分为天然皮、PVC鞋底、橡胶底、生胶底、PU底。

二、鞋的基本结构

1. 鞋的构成

皮鞋是由帮部件、底部件、鞋垫及辅件构成。

2. 生产流程

皮鞋生产流程为：冲裁、针车、成型及包装。

菲拉格慕（Ferragamo）

Salvatore Ferragamo在“意大利制造”奢侈品牌中举足轻重，同时亦是最负盛名的一个牌子。它象征着工艺与创新的统一，这是促使这一品牌卓尔不群的两个要素，历经岁月变迁，品牌有了长足的发展，但始终秉承自己的传统。

Salvatore Ferragamo已经成为世界领先的设计者、制造者与销售者，产品涵盖男女鞋履、丝巾、服饰、皮具、香水、手表及珠宝等。创新及品质完美是Salvatore Ferragamo坚守的原则。品牌的目标是创造始终具有独创性的产品，由品牌独到的特色因素述说穿着者的个性，阐述现代优雅理念。产品从设计到制作，全部工序都在意大利境内完成，顶级质量的材质与工序创造出无以伦比的特性。

利器072

知识与赞美交互使用

销售人员在介绍商品时要运用专业知识，说明材质、流行趋势等，把足够的专业知识和时尚的信息传递给顾客，与顾客进行有效沟通。

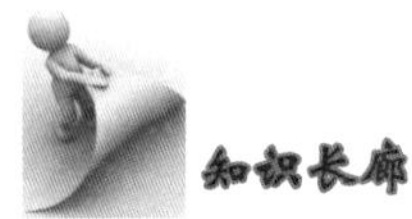

一、专业知识

当顾客对专业水准表示认同时，及时引导顾客试穿，并挑一双适合顾客的鞋子，然后进行赞美，当然，赞美要有尺度，不能让顾客反感。

二、小处称赞

太笼统的外表或个性上的称赞，顾客会觉得假情假意。对于其外表应该指出具体的身体部位，或者她的化妆技巧多高超等，让女性的薄弱精神为之一振。对于个性应该从顾客生活中的人物入手，如从顾客的小饰物等入手。

销售人员：您的皮肤很白，穿上这款红色皮鞋非常好看！

销售人员：跟您谈了这么久，我觉得您的先生一定很幸福，因为他有您这么好的人在身边！

利器073

介绍姿势要正确优雅

点石成金

销售人员在为顾客介绍商品时，要运用正确优雅的介绍姿势，以免引起顾客不满。

知识长廊

一、正确姿势

（1）介绍商品时手臂应尽量伸直，小臂与大臂的夹角最好不小于150°，显得大方不小气；五指并拢，大拇指可微微张开，直指所介绍的商品。

（2）介绍商品时手势要到位，让顾客清楚知道你所介绍的部分的位置；目光应多与顾客的眼神进行交流、探询。

（3）介绍商品时应注意与顾客之间的距离。对于已来看过几次商品比较熟悉的顾客应保持在46～47厘米之间，彼此正好相互握手，友好交谈；如果是第一次见面的顾客应有一臂之隔，既不生分，也避免尴尬。

二、错误姿势

（1）介绍商品时一直盯着商品，完全不看顾客，会显得不当顾客的存在。

（2）介绍商品时视线游离，比如边介绍边去看过道上快进来的顾客，显得心不在焉。

利器074

时刻注意专业形象

销售人员在对顾客进行导购活动时，言谈举止是给对方印象好坏的一个极为重要的方面。在顾客眼里销售人员应该是专家形象，如果言谈粗鄙、举止失礼，就会给顾客留下“金玉其外，败絮其中”的印象。

一、禁止双手交叉于胸前

作为销售人员，在和顾客交谈时最好避免这种姿势，因为它会给人一种很傲慢的印象，自高自大的人常常喜欢把双手交叉在胸前。

二、坐下来谈

面对已有初步意向开单的顾客，最好请对方一同坐下交谈。坐下之后，人的肌肉松弛，这样和顾客谈话时，彼此的心情和神态都会自然平静；而且谈到开单和售后等事宜时，站着说话对顾客来讲有一种随时可以离开的感觉，坐下来谈能营造坦诚的氛围，有利于交易的成功。

三、聚精会神注视顾客

坐下交谈时，眼睛应该聚精会神地注视顾客。在顾客讲话过程中不时地点头示意，脸上露出专心致志或感兴趣的表情等。切忌轻微地摇头，这一举动容易引起对方误解，使对方以为你不赞同他的观点或认为他说得不对，从而终止继续发言。

即便是顾客提出不合理的条件，也不要轻易摇头，应在点头表示理解之后再跟顾客进行详细的解释。

四、为未来交易创造契机

在导购活动中，切不可因交易未成功而精神沮丧、面露不悦之色，甚至恼羞成怒；不要计较一时之得失，以免给顾客留下不良印象。

分别便是交友时，去时要比来时更加热情、礼貌，利用辞别的机会，塑造美好的专业形象，为未来交易创造契机。

图7-2　图片展示

利器075

针对不同顾客进行销售

行为是心理的表现。销售人员通过对顾客行为模式的分析，把握顾客性格，针对不同顾客类型，采取不同的应对方式。

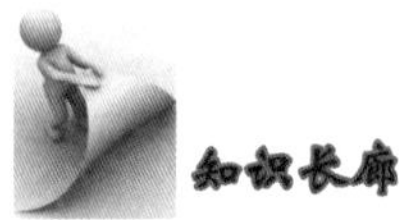

在销售过程中，常见顾客的类型一般有以下几种。

一、悠闲型

悠闲型顾客一般都不急于马上购买，因此，销售人员要热心介绍、不焦急、不强制。

销售人员：您好，欢迎光临。有什么可以帮到您呢？

顾客：我随便看一下。

销售人员：您现在看的这款短靴是我们今年的新款，您觉得怎么样？

顾客：嗯，外观还不错啊……

销售人员：是啊，我们这款短靴很多顾客都很喜欢，不光好看，穿着更加舒适，因此选择这款短靴的人特别多！

顾客：哦。那我下次再来看。

销售人员：您慢走，期待您下次光临！

二、急躁型

急躁型顾客一般都性情急躁，因此，销售人员要做到动作敏捷，不要让顾客等候。

销售人员：这一款凉鞋是坡跟，穿着特别舒适……

顾客：就是要买坡跟的，你别介绍了，我想知道你们的鞋和别人的到底有什么不一样。

销售人员：好，我们这款坡跟凉鞋是采用牛皮制作的，因此特别软，不会让人感到夹脚……

顾客：嗯，那就这款吧，售后服务不会有问题吧？

销售人员：您尽可以放心，我们作为国际知名品牌，售后服务非常完善！

顾客：你不用给我说什么国际知名品牌，质量好才是最主要的。

销售人员：绝对让您满意。这款坡跟凉鞋我们卖得特别火，顾客反映都非常好。

三、沉默型

沉默型顾客遇到问题不发表任何意见，因此，销售人员要善于通过顾客的动作提出询问。

四、绕舌型

绕舌型顾客一般都爱说话，但往往偏离主题，对此类顾客销售人员最好不要打断顾客的话题，要耐心倾听、把握机会把话题引回到正题上。

五、博识型

博识型顾客都喜欢表现自己的丰富知识、提出各种评价，对此类顾客销售人员要表示赞许并掌握顾客的喜好从而进行销售。

六、嘲弄型

嘲弄型顾客多喜欢讽刺他人，对于此类顾客销售人员要以稳重的心态去接待应对，并和言悦色地向顾客进行推荐。

七、猜疑型

猜疑型顾客多持怀疑态度，不信任销售人员、不相信说明，销售人员以询问的方式把握疑点，说明理由与根据。

八、优柔寡断型

优柔寡断型顾客欠缺判断力，无法下定购买决心，销售人员要让顾客进行比较，并选准能影响他的人。

图7-3　图片展示

利器076

把握各种开场介绍技巧

销售开场白是销售过程中的重要环节。开场白的好坏决定销售的成败，俗话说：好的开端是成功的一半。因此，作为销售人员要熟练运用各种开场白，给顾客留下良好的第一印象。

一、新品、新货、新款开场

如果是新品、新货、新款，销售人员可以采用的开场方式有：

情景再现

销售人员：小姐，这是我们刚到的秋冬最新款，我来给您介绍……

销售人员：小姐，您眼光真好，这双鞋是今年秋冬最流行的款式，穿起来会显得与众不同，请您试一下，这边请！

销售人员：小姐，您好，这是今年夏天最流行的露趾、绑带凉鞋，特别符合您的气质，穿上后您会显得更加妩媚动人。我帮您试穿一下，看是否合脚？这边请！

销售人员：小姐，您好，这是我们最新款的金属色系带凉鞋，是今年夏天的流行款，金属色系带风格非常受欢迎，这边请试穿一下！

销售人员：小姐，这款鞋是今年夏天的流行时尚，木纹跟的原木色调搭配铆钉展现率真自我的风格，镂空设计让随性中流露出自然的性感，我帮您搭配试穿一下，这边请！

销售人员： 小姐，您眼光真好，这款鞋是今年春夏最流行的休闲款式，蝴蝶结圆头鞋，和正装、休闲装都能很好地搭配。

二、促销开场

促销手段各种各样，促销成为销售的重要手段。促销的开场白同样是销售人员会用到的技巧，运用重音、兴奋的促销语言才能激起顾客的兴奋。

情景再现

销售人员： 小姐，我们店里正好在做促销，现在买是最划算的时候。

销售人员： 您好，欢迎光临某某品牌，现在全场货品8.8折，凡购满××元即可送……

销售人员： 您好，小姐，您真是太幸运了，现在正优惠大酬宾。

销售人员： 小姐，您来得正好，我们店正在搞活动，现在买是最划算的时候。

三、赞美开场

赞美的话谁都爱听，因此，赞美是很好的开场技巧之一。恰到好处的赞美必将让那些爱美的女士心花怒放。钱给谁都是给，给就要给得开心。

情景再现

销售人员： 小姐，您真有眼光，您手里拿的正是我们今年秋冬的最新款……

销售人员： 小姐，您气质真好……

销售人员： 小姐，您的脚真好看……

四、唯一性开场

物以稀为贵，对于顾客喜欢的货品，销售人员要表达出机会难得的效果，促使顾客当下决定购买。

销售人员： 我们促销的时间只有这两天，过了就没有优惠了，所以现在买是最划算的时候……

销售人员： 小姐，我们的这款鞋是法国设计师设计的最新款式，为了保证款式的唯一性，这款鞋在国内是限量生产、限量发售的，我们店这个款已经不多了，建议您赶快试试。

五、制造热销开场

当顾客表现出对某款鞋有好感时，销售人员应该抓住时机，趁热打铁，渲染热销的气氛。

销售人员： 这是我们品牌重点推出的秋冬最新款，在我们店铺这个款已经卖断码了，现在也只有两双了，建议您试试，我帮您看看有没有您合适的码。

六、功能卖点

在货品竞争同质化的今天，货品在设计、功能上的差异性是最具竞争力的卖点，这种卖点的独特性是开场介绍的方法之一。

销售人员： 小姐，这款鞋是我们品牌今夏特别设计的款式，是采用特殊面料和最新鞋底制作工艺，穿起来特别舒适，并能对足底起到按摩作用。

利器077

采用想象空间进行销售

点石成金

充分发挥想象，让顾客想象其穿着鞋子时的情景，激起其产生购买的欲望。

知识长廊

销售人员不要询问顾客的感想，因为每个人都不喜欢自己的内心世界被窥视。运用举例、场合、身边的人会对她有什么反应，以及搭配服饰颜色等方法激发顾客的想象力，让顾客的想象空间出现现实生活中穿着鞋子时的各种画面。

要让顾客试穿，只有试穿，顾客才有亲身体会的感觉，在穿上鞋子的同时，脑子里就会想象家里有什么衣服可以搭配，在什么场合可以穿……

情景再现

销售人员：您看，这个款式是多用途的搭配。配您现在穿着的服饰，休闲时可以穿；配上您现在穿的黑色衣服，上班时也可以穿。无论是您的同事还是朋友都会觉得您很会打扮的。

利器078

熟练掌握皮鞋保养知识

点石成金

鞋子销售人员必须熟练掌握鞋子的保养知识，这样才能准确地为顾客更好地服务。在这里，主要介绍皮鞋的保养知识。

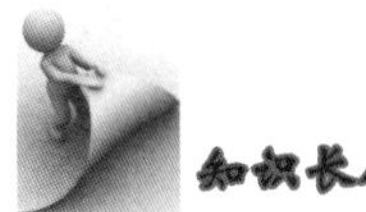

知识长廊

皮鞋穿着的耐久性除了其质量外，关键的是要做好日常保养。

一、养护常识

（1）皮鞋不可在阳光下曝晒，因为太阳光对表皮纤维组织有破坏作用，会加速皮面老化，并使鞋面收缩变形。

（2）皮鞋被浸湿后，切不可在太阳光下直接照射，应在通风处阴干，以防止皮鞋老化。

（3）避免腐蚀性物质接触皮鞋，以免伤害皮质，缩短皮鞋的穿着寿命。

（4）皮鞋应注意防灰，一般3天左右打一次鞋油，用毛刷均匀地将鞋油刷在

图7-4　图片展示

鞋面上，然后放置于通风处约15分钟，使鞋油深化，被皮面吸收，然后再用软布擦拭。

（5）漆皮、压花皮可用干湿布擦拭，磨砂皮不可用鞋油。

（6）最好两双鞋轮换穿，以缓解皮鞋抗张和曲跷的疲劳度，延长皮鞋的穿着寿命。

（7）对于季节性较强的鞋，如冬季的皮靴和夏季的凉鞋等，在长时间不穿着时，应及时打油、擦拭、晾干，然后再用塑料袋封口装好，存放在干燥的地方。

二、皮革常见问题处理

（1）剩余的胶水，用生胶刷擦去。

（2）鞋面有痕印，加同色鞋油。

（3）鞋面变色，避免长时间暴露于强光之下，轻微变色可用较重油分的鞋油使其还原。

（4）刮花、擦花，用鞋油使痕迹减轻。

芬迪（FENDI）

芬迪（FENDI）是意大利著名的奢侈品品牌，1925年由爱德华多·芬迪（Edoardo Fendi）和阿黛勒·芬迪（Adele Fendi）夫妇创立于罗马，最初作为皮革皮草世家闻名于世。

1965年，芬迪（FENDI）公司聘用著名设计师卡尔·拉格菲尔德（Karl Lagerfeld）为其品牌设计师，经营范围逐渐扩大到高级女装、男装、鞋靴及香水等。芬迪（FENDI）的双“F”字母Logo已成为众人皆识的经典双字母标志之一。

目前，芬迪在全球25个国家共有超过110家专卖店，旗舰店位于纽约第五大道。芬迪（FENDI）多变的风格受到众多大牌明星如维多利亚·贝克汉姆（Victoria Beckham）夫妇和阿什丽·提斯代尔（Ashley Tisdale）等人的钟爱。

第八章
名酒家居

当今的世界名酒都有着种种不同的奇妙传说或美丽故事。不同的国度因不同的民族特性和相异的文化背景，都有自己独特气质的酒。

大多数人在进门的一刹那都会通过门来窥测“户主”的喜好与品位。家居能从侧面反映出一个人的生活品位，可以提升整个家庭的生活层次格调，更能给自己带来喜悦与安心。

秘诀079

了解葡萄酒的知识

点石成金

葡萄酒有着悠久的历史，是人类文明的结晶，是现今最时尚、最健康的饮品之一。因此，作为酒品销售人员必须熟悉葡萄酒的基本知识，以便更好地为顾客服务。

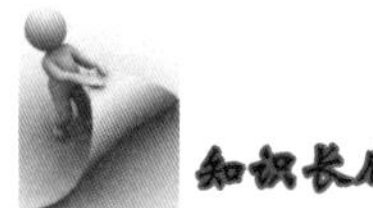

知识长廊

葡萄的种类很多，因葡萄的产地和葡萄酒的酿制工艺不同，其风格迥异。其分类如下。

一、葡萄生长来源

1. 山葡萄酒（野葡萄酒）

以野生葡萄为原料酿成的葡萄酒。产品以山葡萄酒或野葡萄酒命名。

图8-1　图片展示

2. 家葡萄酒

以人工培植的酿酒品种葡萄为原料酿成的葡萄酒，产品直接以葡萄酒命名。国内葡萄酒生产厂家大都以生产家葡萄酒为主。

二、葡萄酒含汁量

1. 全汁葡萄酒

葡萄酒中葡萄原汁的含量为100%，不另加糖、酒精，不含其他成分。例如干型葡萄酒。

2. 半汁葡萄酒

葡萄酒中葡萄原汁的含量为50%，另一半可加入糖、酒精、水等其他辅料。例如半汁甜葡萄酒。

三、葡萄酒的颜色

1. 白葡萄酒

选择用白葡萄夹浅色果皮的酿酒葡萄，皮汁分离，取其果汁进行发酵酿制而成。这类酒的色泽应近似无色、浅黄带绿、浅黄、禾杆黄、金黄色，颜色过深不符合白葡萄酒的色泽要求。

2. 红葡萄酒

选择用皮红肉白或肉皆红的酿酒葡萄，采用皮、汁混合发酵，然后进行分离陈酿而成。这类酒的色泽应呈自然宝石红色、紫红色、石榴红色，失去自然感的红色不符合红葡萄酒的色泽要求。

3. 桃红葡萄酒

此酒介于红、白葡萄酒之间。选用皮红肉白的酿酒葡萄，进行皮汁短时期混合发酵，达到色泽要求后进行分离皮渣，继续发酵、陈酿而成。这类酒的色泽应该是桃红色或玫瑰红、淡红色。

四、含糖量

图8-2 图片展示

1. 干葡萄酒

酒的糖分几乎已发酵完，每升葡萄酒中含糖量低于4克。饮用时觉不出甜味，酸味明显，如干白葡萄酒、干红葡萄酒、干桃红葡萄酒。

2. 半干葡萄酒

每升葡萄酒中含糖量在4～12克之间。饮用时有微甜感，如半干白葡萄酒、半干红葡萄酒、半干桃红葡萄酒。

3. 半甜葡萄酒

每升葡萄酒中含糖量在12～50克之间。饮用时有甘甜、爽顺感。

4. 甜葡萄酒

每升葡萄酒中含糖量在50克以上。饮用时有明显的甜醉感。

轩尼诗（Hennessy）

轩尼诗（Hennessy）的名字源自其酿造者李察·轩尼诗（Richard Hennessy）。1815年受法国皇帝King LouisXVIII颁发书函，选为国会主要供应酒商。李察·轩尼诗在当兵期间取得“英勇证书”（Certification Brave and Gallant），这成为轩尼诗酒厂的标志。

1675年成立轩尼诗酒厂。成立初期，轩尼诗销量已十分卓越，当时所出口的国家以英国及其他各大城市为主，时至今日，轩尼诗销量仍然屹立领导地位。

利器080

熟知酒的品评方法

点石成金

作为酒品销售人员，必须熟知酒的品评方法，这样才能更好地与顾客沟通，促其销售。

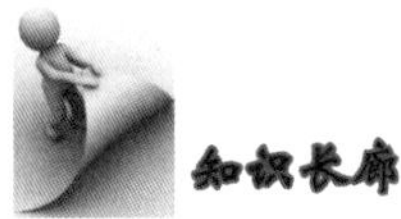

知识长廊

酒的品评是利用人的感官（视觉、味觉和嗅觉）来鉴别酒的质量的一种检测方法。

一、色

酒液中的自然色泽主要来源于酿制酒品的原料，酿制时应尽量保持原料的本色。自然的色彩会给人以新鲜、纯美、朴实、自然的感觉，称为正色。因为酒品在正常光线下观察一般带有亮光，所以色和泽是同时感观于人的视觉的。

好的酒液像水晶体一样高度透明，优良的酒品都具有清透明的液相。不同的酒品色泽，表现出不同的风格情调。良好的酒色能充分表现出酒品的内在品质和特性，给人以美好的感觉。

二、香

酒品的成分非常复杂，因此，其香气也各不相同，其评语也很多。

例如表示酒品香气程度的评语有：无香气、似无香气、微有香气、香气不足、浮香、清雅、细腻、纯正、浓郁协调、完满、芳香等。

描写酒香释放情况的评语有：暴香、放香、喷香、入口香、回香、余香、绵长等；描述有不正常的气味的评语有：异气、臭气、焦糊气、金属气、腐败气、酸气、霉气等。

三、味

酒的味感是品评酒品质量优劣的最重要的标准，酸味给人以醇厚、清爽、干净的感觉；甜味给人以舒适、滋润、圆正、纯美丰满、浓郁的感觉；苦味在一些酒品中也并非劣味；适量的涩味对于一些特定酒品可以提高品质。

酒品中的辛辣味是不受欢迎的，给人以冲头、刺鼻等不良感觉。咸味也不是酒品的正常口味，常因生产中工艺处理不当而产生。

酒类中的各种产品都含有不同比重的酒精，但各类酒品都要求消除酒精味道，只有酒中各种味感的相互配合、酒味协调、酒质肥硕、酒体柔美的酒品才能称得上是美味佳酿。

四、体

酒体是对酒品的色泽、香气、口味的综合评价，但不等于酒的风格。酒品的色、香、味溶解在水和酒精中并和挥发物质、固态物质混合在一起构成了酒品的整体。

五、风格

酒品的风格是对酒品的色、香、味、体的全面品质的评价。同一类酒中的每个品种之间都存在差别，每种酒的独特风格应是稳定的，各种名贵的酒品无一不是以上乘的质量和独特的风格，而受到广大饮者的喜爱。

绝对伏特加（Absolut Vodka）

瑞典酿造伏特加酒的历史可远溯至公元15世纪，20世纪后半叶瑞典伏特加批发商拉尔斯·奥尔森·史密斯发明了一种完善的酿造方法，酿制出一种前所未见的纯净烈酒，史密斯将之命名为“绝对净化伏特加酒”。

1975年，瑞典葡萄酒及烈酒有限公司根据史密斯的原有构想，再加上现代科技，利用精挑细选的瑞典南部谷物，蒸馏出一种纯度更高的烈酒，命名为Absolut Vodka。专家所作的分析显示，其纯度在市场上可谓无出其右，是一次绝对的成功！

利器081

不同类型顾客接待技巧

知彼知己，百战不殆。对不同类型的顾客采取不同的接待方式和技巧，来达到产品销售的目的。

在家具销售中，常见的顾客类型有以下几种：

一、携子考察型

绝大多数家庭都有孩子，而且相当多的顾客尤其是女顾客在购买物品时都喜欢带上孩子，以便于看管。

在接待带孩子的顾客时，应对其孩子进行适当的称赞。在称赞孩子时尽量选用一些不太离谱又能让父母亲高兴的措辞，例如：

"这孩子真精神！"

"这孩子真聪明伶俐！"

"小朋友，上幼儿园了吗？"

二、结伴购买型

家具作为大件耐用品，在购买时，顾客大多喜欢结伴同行。结伴购买的主要原因是顾客自己往往拿不定主意，需要同伴给自己当参谋。

对于此类顾客，销售人员要认清谁是主要决定者，团结同伴，主推两款不要太多。

顾客A和顾客B结伴来到店里。

顾客A：呀，我都不知道选择哪一款好，你过来帮我选一下嘛！

顾客B：好吧！

（看了一下之后）

我觉得人家销售员讲得都挺好，我选中的你不见得赞同……所以还是你自己决定好了。

销售人员：小姐，您的朋友好像难以决定，您来看看怎么样？依我看，这款最适合了……

顾客B：我刚才就觉得这款不错，别再犹豫了，听这位姑娘的没错！

顾客A：真的很适合我吗？好，就买它吧！

图8-3 图片展示

三、夫妻型

购买家具时，夫妻同时来购买的情况较多。仔细观察夫妻俩在做决定时所扮演的角色。

首先判断谁更具有决定权。如果是男士，要多介绍产品技术优势、品牌优势、企业优势并且多用专业术语；如果是女士，要多介绍产品外观、翻看销售记录并描述老用户使用情况，要多用感性词汇。

销售人员：先生、小姐，想选用多大的啊？

男顾客：就我们两个人，小点，一米五的就行。

女顾客：不，我想要大点的，大点的睡着舒服。

销售人员：先生，我看还是小姐说得对。你想啊，将来你们有了孩子还是大点的舒服。其实一米八的比一米五的也多占不了多少地方，等你们有孩子时就不用再换了，毕竟床是耐用品，好多年都不需更换。

销售人员：现在我们这款正在搞促销活动，让利××元的同时还有丰厚的礼品赠送。

女顾客：是吗，还有礼品啊，什么礼品？

销售人员：小姐，你跟我过来看一下。我们正在赠送×××。

女顾客：行，就买它了。

利器082

根据顾客需求进行介绍

一般购买不同家具的顾客，其购买心理是不一样的。家具销售人员要根据顾客的购买需求推荐产品，以满足其购买要求。

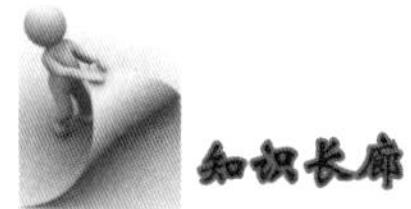

一、卧室家具

在人们追求健康睡眠，注重生活质量，关爱生命健康的今天根据自己工作、学习、生活特点，选择一套适合自己使用的卧室家具显得尤为重要。

1. 环保

给顾客讲解时要讲清使用的板材、胶粘剂等是否是环保材料，甲醛、苯等的释放量是否达到了国家规定的标准，有哪些检测报告可以证明。

2. 舒适度

关注床具的舒适度，床垫的质量、床底架的结构决定床的舒适度，成为顾客的选购标准。

3. 搬运方便

随着人们生活方式的改变，人们会不断调整卧室家具的布局，因此是否拆卸方便成为人们的关注因素。尤其是大件的家具，要主动讲清楚如何搬运，如何拆装等。

4. 储物方便

由于季节变换，换季被褥需要超大空间进行储存，因此气动式开启的箱式结构受到人们的欢迎。

二、客厅家具

客厅是家庭待客、活动的主要场所，因此，客厅家具的选择尤为重要。客厅家具主要包括沙发、茶几、影视柜等。沙发在客厅中起到“画龙点睛”的作用，最能彰显主人的个性和品位。

（1）如今人们讲究生活质量，坐沙发当然以感觉舒适为主，沙发坐面与后靠背均以适合人体生理结构的曲面设计为好。

（2）坐卧两用型，同时兼顾安全性和耐脏性。

（3）房间小的希望摆放后能使房间空地大些，房间大的希望摆放后有气派。

注重客厅家具与客厅的装饰风格的协调性。无论中式或西式，在同一风格中都要呈现出一种协调中的美感。

图8-4 图片展示

三、厨房家具

1. 工艺精细

封边后外表整洁牢固，厨柜耐用。辨别厨柜好坏的一个重要条件是看它的五金配件如何，以及五金配件和厨柜柜身、柜门的结合程度，在使用时开拉是否方便，是否无噪音，是否能经得起多次开关而不变形损坏。

2. 设计高度适中

人们在日常使用厨柜时是否方便，工作动线是否快捷，高度是否适中，这些都是顾客关心的地方。

3. 方便使用

如何有效地利用时间，在最短的距离中实现整个工作流程等。此外，有些顾客还将一些家电也设计到厨柜中，让整个厨房的空间得到有效利用，并且看起来和谐美观。

4. 环保

环保材料对人身体的危害小，是人们的首选。体现在所用板材、台面和封边的胶粘剂上。

5. 色彩

不同的人、不同的生活环境对色彩的喜好有很大的变化，但并不是所有的人都在厨房操作。所以只要弄清厨房的主要操作对象就可以确定相关的色彩。

四、书房家具

书房家具主要有书柜、电脑桌或写字台、坐椅三种。三种家具的造型、色彩追求一致配套，从而营造出一种和谐的学习、工作氛围。

一般来说，学习、工作时，心态要保持沉静平稳，色彩较深的写字台和书柜可帮人进入状态。当然有一部分消费者追求个性风格，喜欢选择另类色彩，觉得有助于激发想象力和创造力。

因为坐在写字台前学习、工作时，常常要从书柜中找一些相关书籍。带轮子的转椅和可移动的轻便藤椅可以给用户带来方便。

五、办公家具

选择合适的办公家具，满足办公的各种需要，成为人们最关心的问题。

1. 布局紧凑

一般的办公家具包括工作台、工作椅、书架、资料柜等。电脑、打印机、扫描仪等办公设备及大量的书籍和文件，需要一个合理的安置，因此，选择合适的办公组合家具，制造有效的工作空间，达到提高工作效率、感觉舒适的目的尤为重要。

2. 尺寸适宜

根据不同的工作性质选择不同的办公家具，需要接待大量客户的办公室要选择大的接待客人的沙发和会客的桌子；独立工作的办公室则一般选择大的办公桌。

3. 气氛统一

处理好家具气氛与办公气氛的矛盾，尽可能将两者协调起来形成统一的基调，再结合办公特点在家具式样的选择和墙面颜色处理上作一些调整，使办公间庄重大方，避免过于私人化的色彩。

六、儿童家具

避免意外伤害的发生，如最好不要使用大面积的玻璃和镜子；家具的边角和把手应该不留棱角和锐利的边。符合儿童不断成长的需要，“无污染、易清理”是儿童家具的核心。

图8-5　图片展示

利器083

快速与顾客建立亲和力

在进行产品介绍前，必须在最短的时间内与顾客建立最大的亲和力。一个被顾客接受、喜欢或依赖的人，通常影响力和说服力较大。

与顾客建立亲和力可从以下五个方面进行。

一、情绪同步

情绪同步是指能快速进入顾客的内心世界，能够从对方的观点、立场看事情、听事情、感受事情。要做到情绪同步必须遵循“设身处地”原则。

二、语调速度同步

首先要学习和使用对方的表象系统来沟通。每一个人在接收外界信息时，都是通过视觉、听觉、感觉、嗅觉及味觉5种感官来传达及接收的，在沟通上，最主要的是通过视觉、听觉、感觉3种渠道。

对不同类型的顾客，需要使用不同的语速、语调来沟通。比如对方说话速度快，你得和他一样快；对方说话声调高，你得和他一样高；对方说话时常停顿，你得和他一样时常停顿。若能做到这一点，对沟通能力和亲和力的建立将会有很大的帮助。

三、生理状态同步

人与人之间的沟通，是通过3种渠道来完成，一是你所使用的语言和文字，二是你的语气或语调，三是你所使用的肢体语言。人与人之间的沟通，文字只占了7%的影响力，另外38%的影响力是语气和语调。

肢体语言占了55%的影响力，一个人的举止、呼吸和表情在沟通时所代表和传达的信息，往往超出他所说的话。

四、语言文字同步

与顾客进行沟通时，使用对方最常用的感官文字和用语，这样，对方才会感觉你很亲切，听你说话就会特别顺耳，就更容易了解及接受你推荐的产品。

顾客： 我看还是××牌的质量好，你看一下人家的衣柜做得特别厚实，看起来比较坚固耐用，再仔细观察一下做工也特别精细……

销售人员： 小姐，您看一下我们的衣柜全是采用实木加工而成，特别结实，并且环保，这些细节足以看出我们的品质。

情景再现

顾客： 我听说还是××牌的质量好，刚才听人家营业员讲衣柜采用实木材料特别稳固，做工也特别精致。

销售人员： 先生，我可以给您敲一下我们的衣柜，从它发出的“声音”，您肯定可以听出它是实木的……

情景再现

顾客： 我感到还是××牌的质量好，用手一摸，感觉特别细致。

销售人员： 小姐，您不妨用手摸一下我们的衣柜材料，您会感到它特别结实。

五、观点同步

在与顾客沟通的过程中，最容易破坏彼此之间亲和力的就是直接指出对方的错误，或与顾客发生争执。不论顾客对你提出任何的批评或抱怨，或是对你的产品及服务有任何错误的看法，都不应该直接反驳对方。观点同步很简单，只有三句话：

我明白（理解）……同时……

我很感谢（尊重）……同时……

我很同意（赞同）……同时……

销售人员：我很赞同您的想法，我们在购买家具时，关注价格的同时更应该关注品质，您说对吗？

销售人员：我很感谢您对我们的服务提出了这么好的建议，同时我会把您的建议及时反馈给公司，在你们这些老用户的监督下相信我们的服务会越做越好！

销售人员：我很理解您的心情，假如是我碰到这样的事情也会很生气，同时我会将这一问题立即反馈给总经理，看看是哪一个环节出现了问题，我们会给您一个满意的答复。

第九章 名车豪宅

名车是一个为人量身定做的舒适豪华的移动空间，是尊贵身份的代名词，是速度与豪华的梦想极致。

豪宅是建筑业一个不灭的传奇，外人往往津津乐道于它耀眼的财富光环，设计师期望由此深刻表达出建筑对生命的关怀，实力阶层则期望借此在事业到达顶峰后实现生活的至高理想。

利器084

掌握汽车专业术语

点石成金

作为奢侈车销售人员，必须掌握一些常见汽车专业术语，这样才能更加专业地向客户介绍产品。

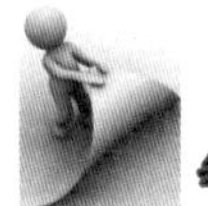

知识长廊

一、车重、外部尺寸与性能

车重、外部尺寸与性能，具体如表9-1所示。

表9-1　车重、外部尺寸与性能

术语	单位	解读
整车装备质量	kg	汽车完全装备好的质量（包括润滑油、燃料、随车工具和备胎等所有装置的质量）
最大总重量	kg	汽车满载时的总质量
最大装载质量	kg	汽车在道路上行驶时的最大装载质量
最大轴载质量	kg	指汽车单轴所承载的最大总质量，与道路通过性有关
车长	mm	汽车长度方向两极端点间的距离
车宽	mm	汽车宽度方向两极端点的距离
车高	mm	汽车最高点到地面间的距离
轴距	mm	汽车前轴中心至后轴中心的距离

续表

术语	单位	解读
轮距	mm	汽车同一车桥左右轮胎胎面中心线间的距离
前悬	mm	汽车最后端至前轴中心的距离
后悬	mm	汽车最后端至后轴中心的距离
最小离地间隙	mm	汽车满载时，最低点至地面的距离
接近角	°	汽车前端突出点向前轮引的切线与地面的夹角
离去角	°	汽车后端突出点向后轮引的切线与地面的夹角
转弯半径	mm	汽车转向时，汽车外侧向轮的中心平面在车辆支撑平面上的轨迹圆半径。转向盘转到极限位置时的转弯半径为最小转弯半径
最高车速	km/h	汽车在平直的道路上行驶时能够达到的最快速度
最大爬坡度	%	汽车满载时的最大爬坡能力
平均燃料消耗量	L/100km	汽车在道路上行驶时每百公里平均燃料消耗量
车轮数和驱动轮数	n×m	车轮数以轮毂数为计量依据，n代表汽车的车轮总数，m代表驱动轮数

二、车辆其他功能

车辆其他功能，具体如表9-2所示。

表9-2 车辆其他功能

术语	英文	解读
汽车导航系统	GPS	GPS是一种无线电导航和定位系统。汽车GPS导航系统由两部分组成：一部分由安装在汽车上的GPS接收机和显示设备组成；另一部分由计算机控制中心组成，两部分通过定位卫星进行联系。汽车GPS导航系统有两大功能：一个是汽车踪迹监控功能，另一个是驾驶指南功能

续表

术语	英文	解读
定位巡航		定位巡航用于控制汽车的定速行驶，汽车一旦被设定为巡航状态时，发动机的供油量便由电脑控制，电脑会根据道路状况和汽车的行驶阻力不断地调整供油量，使汽车始终保持所设定的车速行驶，而无需操纵油门。目前巡航控制系统已成为中高级轿车的标准装备
安全气囊	SRS	安全气囊主要由传感器、微处理器、气体发生器和气囊等部分组成。传感器和微处理器用以判断装车程度、传递及发动信号；气体发生器根据信号指示产生点火动作，点燃固体燃料并产生气体向气囊充气，使气囊迅速膨胀，气囊容量约50～90L之间，同时气囊设有安全阀，当充气过量或囊内压力超过一定值时会自动泄放部分气体，避免将顾客挤压受伤
防抱死制动系统	ABS	ABS是通过安装在各车轮或传动轴上的转速传感器等不断检测各车轮的转速，由计算机计算出当时的车轮滑移率（通过滑移率来了解汽车车轮是否抱死），并与理想的滑移率相比较，作出增大或减小制动器制动压力的决定，命令执行机构及时调整制动压力，以保证车轮处于理想的制动状态。因此，ABS装置能够使车轮始终维持在有微弱滑移的滚动状态下制动，而不会抱死，达到提高制动效能的目的

图9-1　图片展示

三、自动变速器挡位

自动变速器挡位的相关知识，具体如表9-3所示。

表9-3 自动变速器挡位

挡位	英文全称	解读
P	Parking	泊车挡。当你停车不用时，挡位在此，此时车轮处于机械抱死状态，可以防止溜动
R	Reverse	倒挡，车辆倒后之用。通常要按下变速杠上的保险按钮，才可将变速杆移至“R”位，当车辆尚未停定时，绝对不可以强行转至“R”位，否则变速器会严重损坏
N	Neutral	空挡。暂时停车时（如红灯），用此挡位。注意，此挡位表示空挡，为防止车辆在斜坡上溜动，一定要踩着刹车
D	Drive	前进位，用在一般道路行驶。由于各国车型有不同的设计，所以“D”位一般包括从1挡至高挡或者2挡至高挡，并会因车速负荷的变化而自动换挡。将变速杆放置在“D”位上，驾车者控制车速快慢只要控制好加速踏板就可以了
2	Second Gear	低速挡。在上很大的斜坡时，或者在比较倾斜的坡度上启动时，可以用此挡起步前进。原理，把挡位挂在这里，可以限制汽车的挡位自动地只在低挡位（相当于手动挡汽车的1挡和2挡）上切换，以保证汽车获得最大的前进动力
1	First Gear	1挡是前进挡，但变速器只能在1挡内工作，不能变换到其他挡位。它用于严重交通堵塞的情况和在斜度较大的斜坡上最能发挥作用，上斜坡或下斜坡时，可充分利用汽车发动机的扭力
L	Low	低速挡。在下山或者下长距离的斜坡时，把挡位挂在这里，可以限制汽车的挡位自动地只在最低挡（相当于手动挡汽车的一挡）上，可以使得汽车在下坡时使用发动机动力进行制动，驾车者不必长时间踩刹车导致刹车片过热而发生危险

利器085
对潜在客户进行评估

对于潜在客户的评估，是汽车销售人员所必须的，因为时间和精力是有限的，如果想在最短时间内获得最好的业绩，就必须寻找到真正的客户。

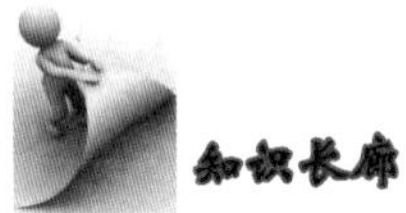

汽车销售人员对于客户的评估，主要采用的是MAN法则。

一、M（Money）——钱

汽车销售人员首先需要考虑的是客户是否有购买力，是否具有消费此类产品或服务的经济能力。但是，要想准确判断客户是否具有购买力并不是一件简单的事情。汽车销售人员切记不可以仅从外表来对客户的经济能力进行判断。

二、A（Authority）——决策权

汽车销售人员需要注意你所极力说服的对象是否有购买决策权。否则，可能只是徒劳。要想成功地销售，其关键是要准确地了解真正的购买决策人。

三、N（Need）——购买需求

客户有购买需求是销售成功的一个重要条件，一般购车是作为上下班代步工具、商务活动需要、娱乐、彰显生活品位。

当然，需求不是一成不变的。作为汽车销售人员，要明白需求不仅可以满足，还可以创造。要想成功地销售，就必须去发现需求、创造需求。

宝马（BMW）

BMW，全称为巴伐利亚机械制造厂股份公司（德文：Bayerische Motoren Werke AG），是德国一家世界知名的高档汽车和摩托车制造商，总部位于慕尼黑。BMW在中国内地、香港与早年的台湾又常称为“宝马”。

宝马标志中间的蓝白相间图案，代表蓝天、白云和旋转不停的螺旋桨，喻示宝马公司渊源悠久的历史，象征该公司过去在航空发动机技术方面的领先地位，又象征公司一贯的宗旨和目标：在广阔的时空中，以精湛的技术、最新的观念，满足顾客的最大愿望，反映了公司蓬勃向上的气象和日新月异的新面貌。

四、去伪存真

通过对MAN法则的了解之后，可以运用该法则对客户进行相对有效的评估。针对不同的客户采取对应的策略。

表9-4 不同客户类型应对策略

序号	客户类型	应对策略
1	M+A+N	有望客户，理想销售对象
2	M+A+n	可以接触，如有熟练的销售技巧，可以成功
3	M+a+N	可以接触，但是需要找到有决策权的人
4	m+A+N	可以接触，需了解其业务状况、信用条件等
5	m+a+N	可以接触，需长期观察、培养，使其具备另一条件
6	m+A+n	
7	M+a+n	
8	m+a+n	非目标客户，可以停止接触
9	备注	（1）M代表有钱；A代表有决策权；N代表有购买需求 （2）m代表没有钱；a代表没有决策权；n代表没有购买需求

图9-2　图片展示

汽车销售人员：李先生，您好啊！我是××店的小李，最近工作挺顺利的吧！

客户：啊，是小李啊！最近一段时间老加班。

汽车销售人员：说明你们公司业务相当好啊！平时还要多注意休息，虽然你的身体比我强壮。

客户：是啊！谢谢你关心。最近车卖得不错吧！

汽车销售人员：托你的福，上次您介绍的那位朋友最终买了一款跟您相同型号的车，今天他来保养汽车的时候还提到您呢。谢谢您给我介绍了那么多朋友。对了，上次曾听您介绍过，××单位的老总是您的朋友，正好我们公司有点业务方面的事情想麻烦他，您能不能把他的联系方式告诉我一下?

客户：你等一等，我找一下，他的办公电话是×××××××，手机号码是×××××××。要不要我先打个电话给他?

汽车销售人员：谢谢了！等哪天有空的时候我专程去拜访他一下，就说是您介绍的，可以吗?

客户：没有问题。

汽车销售人员：要不今天先到这里，您的工作也很忙，改天等您有空的时候我专程登门拜访。

客户：好的。

汽车销售人员：那谢谢了！再见！

汽车销售人员：听说您准备采购一辆新车，我正是为这事与您联系并向您请教的。

客户：没错，我们是有这个考虑，但目前还没定。既然今天你打电话来，那么就介绍一下你的汽车吧！

汽车销售人员：感谢初次接触您对我的认可。汽车采购是一件大事，需要考虑的因素很多，相信您更关注如何避免购车中的风险吧。

客户：那当然，谁都希望以最省的投资买到性价比更好的汽车。

汽车销售人员：既然如此，我想我们更应该安排一个时间见一次面，这样我方有机会把如何避免汽车采购中的风险情况向您作一个汇报，以供您参考。

客户：既然如此，那就预定在周二下午3：00吧！

汽车销售人员：今天是周五，那下周一3：00我再打电话与您确认一下，应该没有问题吧？

客户：没有问题。

汽车销售人员：那就这样说定了，谢谢您！再见！

法拉利（FERRARI）

法拉利是世界上最闻名的赛车和运动跑车的生产厂家。它创建于1929年，创始人是世界赛车冠军、划时代的汽车设计大师恩佐·法拉利。菲亚特公司拥有该公司50%的股权，但该公司却能独立于菲亚特公司运营。法拉利汽车大部分采用手工制造，因而产量很低，年产量只有4000辆左右。公司总部在意大利的摩德纳。

利器086

做好展厅接待工作

对于到展厅来看车的客户，汽车销售人员一定要做好接待工作，因为作为购买奢侈车的准客户，其成交速度更快。

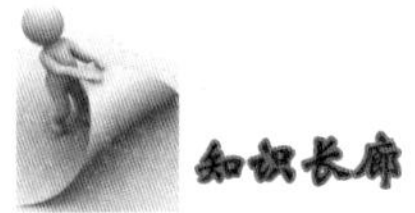

一、客户进入展厅

（1）30秒钟内察觉到客户的到来，并在几秒钟内大脑就要加工处理客户的信息，依据其衣着、姿态、面部表情、眼神等，评估出客户的态度、购买倾向等，注意不要以貌取人。

（2）目光相遇时，点头示意，如客户点头回应，应即刻上前接待，如客户视而不见，且直奔展厅专注看车，可给客户1～2分钟的自由看车时间。

（3）面带微笑，目光柔和地注视对方，以愉快的声调致欢迎词："欢迎光临，我是销售人员×××，请问有什么可以帮助的吗？"

（4）与每个来访者必须在两分钟内打招呼并进行交谈，并可适当地交流一些跟车无关的其他话题，借此打消客户本能的警惕和戒备，拉近彼此的心理距离。

（5）礼貌、热情，所有员工与客户目光相遇时皆应友好地点头示意，并打招呼："您好！"良好的第一印象有助于增强客户对于品牌、公司和个人的信任，为后续放松、深入地交谈奠定坚实的基础。

（6）如客户是再次来展厅的，销售人员应该用热情的言语表达已认出对方，最好能够直接称呼对方。如："张女士，您来了，咦，头型换了，好漂亮啊！"等。

二、客户要求自行看车或随便看看时

（1）回应“请随意，我愿意随时为您提供服务”。

（2）撤离，在客户目光所及范围内，随时关注客户是否有需求。

（3）在客户自行环视车辆或某处10分钟左右，仍没有对销售人员表示需求时，销售人员应再次主动走上前“您看的这款车是××，是近期最畅销的一款……”“请问……”。

（4）未等销售人员再次走上前，客户就要离开展厅，应主动相送，并询问快速离开的原因，请求留下其联系方式或预约下次看车时间。

三、客户需要帮助时

（1）亲切、友好地与客户交流，回答问题要准确、自信、充满感染力。

（2）提开放式的问题，了解客户购买汽车的相关信息，如：××车给您的印象如何？您理想中的车是什么样的？您对××产品技术了解哪些？您购车考虑的最主要因素是什么？（建议开始提一些泛而广的问题，而后转入具体问题。）

（3）获取客户的称谓：“可以告诉我，怎么称呼您吗？”并在交谈中称呼对方（李先生、杨女士等）。

（4）主动递送相关的产品资料，给客户看车提供参考。

（5）照顾好与客户同行的伙伴。

（6）不要长时间站立交流，寻找适当的时机或请客户进入车内感受，或请客户到洽谈区坐下交流。

图9-3 图片展示

汽车销售人员：您好！欢迎光临××店！需要我帮忙吗？

客户：不用，我先看看。

汽车销售人员：怎么样，内饰色彩符合您的要求吗？座椅的包裹性如何？

客户：不错！颜色很协调，座椅很柔软，方向盘的设计也很独特。

汽车销售人员：您真有眼光！您想知道为什么方向盘会成为该车的一大卖点吗？

客户：不知道，为什么？

汽车销售人员：……（全方位展示方向盘）

四、客户在洽谈区

（1）主动提供茶水，递杯时，左手握住杯子底部，右手伸直靠到左前臂，以示尊重、礼貌。

（2）充分利用这段时间尽可能多地搜集潜在客户的基本信息，尤其是姓名、联系电话。如请潜在客户填写“客户接洽卡”。填写接洽卡的最佳时机是在同客户交谈了一段时间后，而不是见面后立即提出请求。可以说：“麻烦您填一下这张卡片，便于今后我们能把新产品和展览的信息通知您。”

（3）交换名片“很高兴认识您，可否有幸跟您交换一下名片？这是我的名片，请多关照”，“这是我的名片，可以留一张名片给我吗？以便在有新品种或有优惠活动时，及时与您取得联系”。

（4）交谈时，除了谈产品以外，还可以寻找恰当的时机多谈谈对方的工作、家庭或其他感兴趣的话题，建立良好的关系。

（5）多借用推销工具，如公司简介、产品宣传资料、媒体报道、售后服务流程，以及糖果、香烟、小礼物等。

五、客户离开时

（1）放下手中其他事务，陪同客户走向展厅门口。

（2）提醒客户清点随身携带的物品以及销售与服务的相关单据。

（3）递交名片，并索要对方名片（若以前没有交换过名片）。

（4）预约下次来访时间，表示愿意下次造访时仍由本销售人员来接待，便于后续跟踪。

（5）真诚地感谢客户光临本店，并期待下次会面。在展厅门外与客户挥手致意，目送客户离去。

六、客户离去以后

（1）车辆调整至最初规定的位置并进行清洁。

（2）洽谈桌上水杯、烟灰缸等卫生细节的清理和清洁。

（3）整理客户信息。

（4）将自我着装、情绪调整到最佳状态，准备接待其他客户。

福特（FORD）

福特汽车公司是由亨利·福特（Henry Ford）创建的，是世界最大的汽车企业之一。福特汽车公司的历史始于20世纪初，已经成长为第四大汽车公司。目前，它拥有许多世界著名汽车品牌：福特（Ford）、美洲狮、美洲豹、林肯（Lincoln）、水星（Mercury）、马自达（Mazda）、沃尔沃（Volvo）轿车。

利器087

应对不同类型客户

点石成金

在汽车销售中，销售人员每天都会遇到很多不同类型的客户，对于这些不同的客户，销售人员要根据其特点进行分析，并采取不同的应对技巧进行销售，以提高销售业绩。

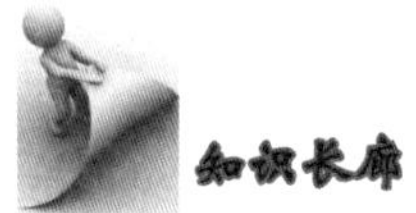

知识长廊

销售中常用的客户类型和应对技巧如下所示：

一、虚情假意型

1. 客户特点

这类客户表面上非常友善、比较合作、有问必答，实际上他们对购买缺少诚意和兴趣。一旦汽车销售人员请求其购买产品或服务时，则闪烁其词、装聋作哑。

2. 分析应对

识别此类客户的真面目，以免花费大量时间、精力与其交往，最后却是落空。

二、生性多疑型

1. 客户特点

此类客户不管是对汽车销售人员所说的话，还是对产品或服务本身，都持怀疑的态度。如果这类人心中有个人烦恼，还会把一股怨气撒在汽车销售人员身上。

2. 分析应对

以亲切友善的态度和其交谈，绝不与其争辩，同时尽量避免对其施加压力。进行车辆展示或说明时，态度要沉着，言辞要恳切；如果观察到客户的忧虑，则以一种友好的口吻询问：“我能帮你吗？”待其平和时，再用一般方式洽谈。

三、情感冲动型

1.客户特点

生性冲动，容易受外界环境影响，只要稍受外界刺激，便言所欲言，毫不顾忌后果。如，常打断汽车销售人员的话，借题发挥，妄下断语。对于自己原有的主张或承诺，也会一时兴起，全部推翻或不愿负责任。

2.分析应对

“快刀斩乱麻”是应对此类客户的原则。销售人员先要让对方接受自己，然后说明能给他带来的好处，能做演示的尽量做演示。

四、沉默寡言型

1.客户特点

比较理性的客户，沉着冷静，对汽车销售人员的谈话虽注意倾听，但反应冷淡，汽车销售人员很难知道其内心感受。

2.分析应对

先用“询问”的技巧探求客户的内心活动，并且着重以理服人，同时用自己的言谈话语让客户接受自己，提高自己在客户心目中的地位。

图9-4　图片展示

五、先入为主型

1. 客户特点

作风干脆，在接触之前，已经准备好问什么、答什么。因此，在这种心理准备下，此类客户能与你自由交谈。在刚与汽车销售人员见面时，他便会先发制人地说："只看看，不想买。"实际上，此类客户较易成为交易对象。虽然他一开始就持否定态度，但对于交易而言，这种心理抗拒是最微弱的。

2. 分析应对

对于此类客户一开始的抵抗言语，可以先不予理会（客户并非真心地说那种话），再以热诚的态度接近他，成交便很易达成。

六、思想保守型

1. 客户特点

思想保守、固执，不易受外界干扰或他人的劝导而改变消费行为或态度。此类客户对现状常持满意态度，即便有不满，也能容忍不显露人前。

2. 分析应对

必须发现客户对现状不满的地方和原因，然后详细分析自己在推销建议中的实惠和价值，请客户尝试接受自己的产品或服务。

七、内向含蓄型

1. 客户特点

此类客户较为神经质，深知自己极易被说服，因此，总是害怕与汽车销售人员有所接触。在交谈时，会显得困惑不已、坐立不安，喜欢东张西望，不专注于同一方向。

2. 分析应对

对于此类客户，汽车销售人员必须谨慎而稳重，细心地观察客户，坦率地称赞他的优点，与他建立值得信赖的友人关系。

八、固执己见型

1. 客户特点

此类客户一旦决定的事，就不可更改。即便后来知道是错的，也会一错到底，甚至会出言不逊，就算汽车销售人员以礼相待，也难以被接纳。

2. 分析应对

持之以恒、真诚相待、适时加以恭维，时间长了，或许能博得好感，让客户转变态度。从心理学上讲，性格固执的人心底往往是脆弱和寂寞的，比一般人更渴望得到理解和安慰。

九、犹豫不决型

1. 客户特点

性格可能是优柔寡断，虽然其外表平和、态度从容、比较容易接近，但长期接触后，便可发现其不善于作决定的个性与倾向。

2. 分析应对

汽车销售人员首先要有自信，并把自信传达给对方，同时鼓励对方多思考问题，尽可能地使谈话围绕销售核心与重点，不设定太多、太复杂的问题。

十、精明理智型

1. 客户特点

用理智支配、控制购买行为，不会轻信广告宣传和汽车销售人员的一面之词，根据自己的学识和经验对商品进行分析和比较后再作出购买决定。

2. 分析应对

必须从熟知商品或服务的特征入手，多方比较、分析、论证，用产品或服务将给客户带来的好处来说服客户。

利器088

熟练运用FAB介绍法

点石成金

汽车销售人员可以使用FAB介绍法对汽车进行介绍。FAB介绍法可以将汽车的属性转化为即将带给客户的某种利益，充分展示汽车最能满足和吸引客户的地方。

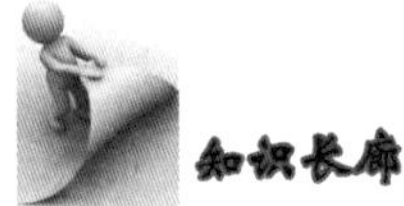
知识长廊

FAB介绍法是目前一种较常用、简单实用的介绍方法。

一、FAB法则

1. 属性（Feature）

属性就是汽车所包含的客观现实，比如材料、外观等。属性是有形的，可以让客户真切地看到、摸到。

这就要求汽车销售人员必须对自己所卖的汽车有足够的认识和了解，发掘产品的潜质，找到其他人所忽略的地方。

2. 作用（Advantage）

作用就是汽车可以给客户带来的用处，是根据汽车的特性总结出来的特殊功能，用来解释汽车的属性如何能被利用，可以回答客户“它能做到什么”的疑问。

3. 利益（Benefit）

汽车销售人员要明白，客户最关注的是汽车所能带给他们的好处，就是如果购买了你所推荐的汽车，可以获得哪些利益。

二、FAB介绍方法

1. 观点求同

自己的观点中客户所同意赞成的，客户的观点中可以用来进一步阐述的。一般两种情况以第二种为好，因为是建立在客户观点的基础上。

2. 连续肯定

通过连续提问引导客户连续做出肯定性的回答，提问从最简单易答的问题开始，直至引导客户做出购买决定。客户不断地询问，汽车销售人员均给予肯定性的回答，直至客户做出购买决定或者又提出新的需要讨论的问题。

3. 得寸进尺

先提出一个小的请求，再提出一个大的请求；先提出一个容易做到的请求，再提出一个不大容易做到的请求；先就细小问题提出一个请求，再就原则性问题提出一个请求；先提出前一个请求后暂不提出后一个请求。

从人们心理的角度看，是因为人们觉得既然答应了第一个请求，也就有责任再答应第二个请求。

4. 转移注意

客户所问及或谈及的事情属于汽车销售中的敏感问题或商业秘密，不便细说，只能简单带过，马上转入其他话题。客户在交流中跑题，漫无边际，要设法使对方的注意力重新回到正题上来。

5. 逻辑引导

当客户主要考虑汽车的质量水平、技术性能、成分构造时，主要体现的是理性动机。但当涉及美或不美、时尚与否时，更多的是从情绪情感上进行考虑。此时需要了解不同人的不同思维逻辑，按照他们习惯的思维方式去进行劝说引导。

6. 情感诱导

一个让客户接受观点的过程，也是一个调动客户情绪的过程。客户接受了汽车销售人员的观点，情绪就容易被调动起来；客户的情绪被调动起来，也就容易接受汽车销售人员的观点。

汽车销售人员：听了我刚才的介绍，您一定对这款车有了一个较为全面的了解了吧？

客户：现在清楚很多了。

汽车销售人员：那您有没有想过，当您拥有了这辆车以后，您的客户会不会对您及您的公司刮目相看？

客户：这是我必须考虑的问题。

汽车销售人员：您将会发现，当您成为这款车的主人时，将标志着您的事业又上到了一个新的高度，同时也会让您的朋友为您而感到自豪。

客户：这也是我所期望的。

7. 委托代言

当客户表现出较强的购买意愿，又担心周围的人可能会持怀疑态度而犹豫不决时，汽车销售人员应主动地站在客户一边，为其提供证明证据，支持客户做出购买决定，以缓解客户自己感觉到的环境压力。

8. 损益对比

将购买的好处与不购买的损失加以对比，以促成客户做出购买决定。善于识别不同客户的风险偏好，在劝说中巧妙地运用损益对比来说服客户。

9. 两项选一

尽量把选择的范围缩小到只有两项，对选择的顺序做精心安排，把促销的重点放到后面，这也是利用人们的记忆原理（人们总是对发生时间最近的事情记忆最深）。

利器089

为客户全方位介绍

汽车销售人员向客户介绍产品时，要通过全方位的车辆展示来突显汽车的品牌特点，使客户确信汽车产品的物有所值，为促成交易奠定基础。

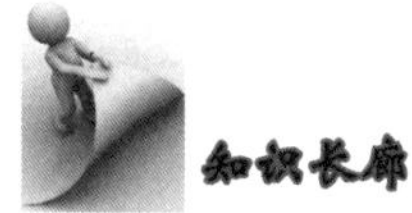

通过有效的产品说明和异议处理来解决客户对于产品及服务的问题和困惑，进一步满足客户的购买需求，让客户体验到“客户至上”的服务理念和品牌形象。

一、车前部

1. 位置特点

最有利于看清车辆特征的角度，通常可以在这个位置向客户做产品概述。

2. 位置

（1）站在汽车左前方，距离90厘米左右。

（2）上身微向客户，距离30厘米，左手引导参观车辆。

（3）可以从汽车的外形开始，依次介绍车身尺寸、油漆工艺及车身颜色、前大灯、保险杠、前挡风玻璃及雨刮器等。

二、驾驶座侧

汽车销售人员要鼓励客户打开车门进入内部。

（1）配合说明指出各按钮位置，最好让客户进行操作体验，同时进行讲解和指导。

（2）请客户走出车外，然后为客户介绍仪表、转向系统、可调节转向管柱、安全带、空调系统、音响系统、车内后视镜、可调节前座椅、变速器等。

三、后部

汽车销售人员将客户带至车后部。

（1）距离约60厘米，从行李箱开始，依次介绍高位制动灯、后风窗加热装置、后组合尾灯、尾气排放、燃气系统。

（2）打开行李箱介绍，掀开备胎和工具箱外盖进行介绍。

（3）绕至乘客侧，进行侧面介绍。

四、乘客侧

汽车销售人员可以考虑致力于安全性能、轮胎和悬架系统（舒适性）的介绍。

兰博基尼（LAMBORGHINI）

兰博基尼汽车公司（LAMBORGHINI）是1962年佛鲁西欧·兰博基尼在意大利摩迪纳创建的以生产赛车为主的汽车公司，1987年与克莱斯勒公司合并。

20世纪70年代，著名的博通设计公司为兰博基尼设计了造型独特的运动车，车身只有一米高，车门是鸥翼式的，发动机罩与前挡风玻璃形成一个整体平滑的大斜面，给人以强烈的动态感。这种车身使兰博基尼的康塔什和迪亚波罗（diablo）成为世界上车速最高的运动车，其车速可达315km/h和330km/h。

1987年年底，兰博基尼被美国克莱斯勒汽车公司以2500万美元收购。1998年，奥迪公司收购兰博基尼，从此归于大众旗下。

五、发动机室

发动机室是介绍车身和风格的好地方。

（1）站在车头前部偏右侧，打开发动机舱盖，固定机盖支撑，依次向客户介绍发动机舱盖的吸能型、发动机布置形式、防护地板、发动机技术特点、发动机信号控制系统等。

（2）合上舱盖，引导客户欣赏车的造型和品牌标志。

六、内部

汽车销售人员对于车辆内部的介绍，主要侧重于对操作的合理安排、舒适性等进行介绍。

汽车销售人员：您好！我是这里的销售人员小张，您一直在看这款车，想必对这款车非常有兴趣。有什么需要我帮助的？

客户：我今天是来看一下这款车，想了解一下这款车与××牌的××车有什么不同？

汽车销售人员：您是需要我做全面介绍呢，还是针对您的问题做重点介绍？

客户：这款车我不太了解，最好做一下全面的介绍。

汽车销售人员：如果对这款车作全面的了解的话，大约需要40分钟的时间，您看，没有问题吧？

客户：没有问题，我今天刚好有空。

汽车销售人员：好的，我们就从这款车的前部开始吧。您看，这是前大灯，您有没有发现与众不同？

客户：有什么不同？

汽车销售人员：这款车的大灯采用了最新的设计潮流，转向灯设置在大灯的上部，比其他的车灯设计更加吸引路人。您未来要买车最好有这样的大灯才不会落伍。

利器090

主动出击，建议成交

点石成金

当客户有购买意向时，汽车销售人员要主动出击，提出成交建议，以便达成交易。

知识长廊

一、准备事项

汽车销售人员在建议客户成交前，需要做好各种准备事项。

1. 确定客户喜欢的车型

确定客户所喜欢的到底是哪一款车型，以进行最后的成交攻势。

2. 停止介绍其他车型

没有必要再向客户介绍其他车型，否则会分散客户的注意力，使其购买兴趣转移、游移不定。

3. 确认主要异议解决

确认客户主要异议已经解决，只有客户对产品基本满意，才有必要建议成交。

二、引导

汽车销售人员对没有主见、摇摆不定的客户，要大胆地建议其购买。

如果客户请汽车销售人员帮忙挑选，就要尽心尽力做好参谋，要根据客户的要求和汽车的实际情况帮助客户挑选。但是不要替客户承担决策责任，要以建议的口吻帮助客户作决定。

汽车销售人员：张先生，通过刚才的分析，您是不是发现这款车在安全性能上的表现相当优异？

客户：的确不错，就像你们介绍的，应该是同级车中最优的。

汽车销售人员：同时，通过刚才您的体验，这款车的发动机是否是您所了解过的同级车中最优的？

客户：从输出功率和输出扭矩来看，值得关注。

汽车销售人员：如果我俩换一个位置，您会认为我买这款车很值吧？

客户：很值。

汽车销售人员：反过来，如果您能拥有这样一款车，您更会认为这是一个很有意义、很有价值的选择吧？

三、建议成交时机

汽车销售人员要把握任何可以提出成交的时机，一般在讲述完每一个销售重点或重大异议解决后，就可以向客户提出成交建议。

情景再现

汽车销售人员：非常感谢刘总，经过大家的共同努力，我们达成了一次双方都非常满意的合作，相信通过这次合作，你购买的这辆车也会极大地提升您的形象，您的事业会更加兴旺发达，公司也会在与您的合作中得到更大的进步。

客户：哪里，哪里！这都是大家有缘，相信以后我们的合作会更愉快。

汽车销售人员：刘总，您看，为了让我们能够做好交车的各项准备工作，现在还得麻烦您办一道小手续，我们一起到财务交一下合同定金。

客户：小问题，小王，你去办一下……

汽车销售人员：刘总，您好，您看所有的手续都已经办妥，我们已经安排了相关的部门和人员开始做交车的准备，您就等候我们的通知。好吗？

客户：没有问题。

利器091

交车前做好充分准备

汽车销售人员在交车前，要将整个交车中的各环节时间安排好，让交车有序进行。

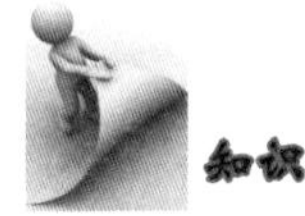

一、客户沟通

汽车销售人员在交车之前与客户沟通的事项：

（1）询问客户哪一天比较方便，有足够的空闲时间提车，并且要约定具体时间。

（2）交车前一天，再次与客户联系，可以提醒客户不要忘记。

（3）如果发生特殊情况，无法按时交车，要在最短的时间内通知客户，说明延误原因，并重新确定交车时间。

汽车销售人员：××先生，我是××店的销售人员小赵，现在给您打电话方便吗？

客户：可以，有什么事情？

汽车销售人员：我们约好的是您将于明天下午2：00提车。

客户：对，我没有忘记。

汽车销售人员：是这样的，在您来公司提车之前和您确认一下您将提取的车型是××，颜色是××。

客户：没错，是的。

汽车销售人员：您明天来提车时，一定要带好您的身份证、订单、收据和驾驶执照。

客户：好的，我知道了。

汽车销售人员：那打扰您了，明天我们恭候您的光临。

二、文件准备

汽车销售人员在交车前，需要准备的文件包括：商业单据（发票、合同等）、牌照（注册信息）、使用说明手册、保修手册、完税证明、保险凭证、名片（销售人员、经理等）、交车确认表、PDI检查表等。

三、车辆检查

汽车销售人员在交车前，要对车辆进行重点检查：

（1）漆面是否有刮伤、剥落、凹痕、锈点、饰条。

（2）内、外观的刮伤、缺装品或松脱处、缝隙大小和均匀度等。

（3）电线束的束紧和吊挂。

（4）车窗和车厢、引擎及行李箱等是否污脏。

（5）有没有不必要的标签或会扎人的物品。

（6）汽油箱内至少有1/4箱汽油。

（7）必须经过实际操作，保证所有功能正常。

四、店面布置

汽车销售人员要做到店面交车区明亮、整洁、清新，同时要备有桌椅、饮料、点心等，以方便在愉悦的气氛中将各种车辆资料交给客户，提高交车的满意度。

利器092

定期跟踪必须做好

点石成金

跟踪客户的时间要有计划性，避免在客户繁忙和不方便的时候进行。通过与客户的沟通，对客户的信息资料要定期进行检查和更新，为后期服务及车友会工作提供便利。

知识长廊

（1）日常跟踪，做好客户管理计划，通过电话、信件、短信或e-mail与客户保持联系，至少每三个月跟踪回访一次。

——向客户致意，关心客户身体、工作近况，较熟悉的客户可询问其家人状况。

——了解客户对车辆使用的有关问题。

——提醒客户有关定期保养维护事宜。

——了解保有客户周边的意向客户资源。

——每次跟踪后，及时更新“客户跟踪表”。

图9-5　图片展示

表9-5 客户跟踪表

实施日	实施内容	面谈者	对话内容	下次预订	经理栏
	交车后第一周		□寄发感谢信 □销售人员致谢电话		
			□销售经理致谢电话		
	500公里免费检查				
	10000公里免费检查				
交车时间	车名	车型	上牌时间	上牌号	
保险公司					

（2）经常向客户提供最新和有附加价值的信息，如新车、新产品、售后服务信息，邀请客户带着有购车意向的朋友来店看车，可适当赠送纪念品。

（3）每年都向所有客户寄生日贺卡。

（4）每年都向所有客户寄节日贺卡，如五一、十一、中秋、春节等。

（5）若有相关促销活动，主动热情地邀请客户参加。

汽车销售人员：您好，周小姐，我是××店的小张。非常感谢您选择了我们的品牌，感谢您选择了我们公司来给您提供服务。

客户：你太客气了，每次来电话都在感谢我。

汽车销售人员：这是应该的，因为您是我们的衣食父母！从您目前的使用情况看，您的车快到首保的5000公里了，请您一定抽空到我们店来做首保。您也知道，如果不小心错过了首保，以后我们要想更好地为您服务就会受到一些限制，也会额外增加您的费用。这不是我们希望的。

客户：好的。这几天我正好忙，过几天一定会到你们店做首保。

汽车销售人员：三天后我再与您联系，免得您工作一忙把这件事情忘了。

客户：好的。

汽车销售人员：如果您没空过来的话，打个电话给我，我会安排人员去您的公司把车开过来，做完保养后再送回去。

客户：那就太谢谢了！

汽车销售人员：不用谢。这是我们公司特别提供的增值服务，只针对您这样的客户。

客户：谢谢！

凯迪拉克（CADILLAC）

凯迪拉克1902年诞生于被誉为美国汽车之城的底特律。100多年来，凯迪拉克在汽车行业创造了无数个第一，缔造了无数个豪华车的行业标准。可以说，凯迪拉克的历史代表了美国豪华车的历史。在韦伯斯特大词典中，凯迪拉克被定义为“同类中最为出色、最具声望事物”的同义词，被一向以追求极致尊贵著称的伦敦皇家汽车俱乐部冠以“世界标准”的美誉。凯迪拉克融汇了百年历史精华和一代代设计师的智慧才智，成为汽车工业的领导性品牌。

利器093

买的不只是“房子”

点石成金

大多数豪宅别墅客户与普通商品房客户不同，所买的不只是房子，而是一种炫耀性的消费，因此，销售人员必须清楚此类客户的特点。

知识长廊

一、客户特点

豪宅别墅处于量少质高的金字塔尖的位置，其对应的目标市场也是少数富裕阶层。对外封闭排斥，内部社会形态较为稳定，他们希望别人知道自己，又不希望别人了解自己；与财富地位相当的人交往，孤立于社会的其他阶层，以享受那种“安全感与自在”，同时摆脱“不安与烦恼”。

极度地追求生活品质，关注奢华、绚烂、舒适，没有心理价位，只有价格排序，购买的主要诱因是拥有一次签名的权利，只为寻找合适自己的商品，选择奢侈品，更是选择一种生活方式。

二、消费心理

在既定的范围内，以常人无法企及的物品在一个特定的圈子里相互攀比炫耀，显示财富与地位。

三、享受消费

对居住的舒适度要求高，特别是软环境，多有海外旅居经历，或认同海外生活方式及标准，希望通过高端房产来获取一种全新的居住体验。

利器094

识别准客户的技巧

点石成金

也许这时客户很多，在这些客户中有业主、有闲逛的、有踩盘的，也有有购房实力的，此时的你应该快速过滤进入售场的客户，准确抓住你想进攻的对象。

知识长廊

销售人员可以通过以下方面对客户进行判断。

一、从家庭成员判断

夫妻俩、三口之家、一对夫妻和朋友（1～2个），夫妻俩来访一般会成为锁定的首要目标。

二、从言行举止判断

大多数真正买房的客户首次到访时的聚焦点应是沙盘，一般不会东张西望，有时还会与身边的人窃窃私语或讨论几句。

三、从衣着服饰判断

通常销售人员会从这点来判断客户是否有购买实力，这有一定作用，但不完全准确。

利器095

化解初次见面陌生感

点石成金

为了不流失每一组到访的客户，即使在你很忙且无暇“照顾”到每一组客户时，你也能留下联系方式进行后续跟踪。

知识长廊

自我介绍，交换名片，让客户无法拒绝你，即使客户没有名片也能很自然地留下姓名与电话。

情景再现

客户：请问……

销售人员：啊，您好，请问有什么可以帮您？

客户：我想看看你们的房子。

销售人员：哦，欢迎参观××项目，我是销售人员小李，这是我的名片，请问先生贵姓，可否赐一张名片？

客户：啊？我没带名片。

销售人员：没关系，您告诉我您的电话号码也可以。

客户：×××××××××××。

销售人员：谢谢！

利器096

利用人气，制造热销氛围

点石成金

现场热销的氛围不仅依赖于真实的体现，更要依赖销售团队之间的“作秀”能力。

知识长廊

现场热销的氛围不仅依赖于真实的体现，更要依赖销售团队之间的“作秀”能力。例如：

（1）利用现场已有的客户，不论有意向、无意向、业主……都可以让他们成为楼盘热销的利器。

（2）销售团队自身的配合，不断地向意向客户传递××房源已售出，或××客户会在××时间来签订合同……

（3）销售人员自己扮演客户，以客户的身份促成真正客户的快速成交。

情景再现

销售人员：好的，我先给您简单介绍一下项目：这是××地产打造的别墅。请问您是打算投资呢还是自己住呢？

客户：打算投资，我已经买了五套洋房，想买套别墅投资，不是都说现在是时候抄底了吗，我也这么觉得。

销售人员：先生的眼光很独到啊，您投资过其他房产吗？

客户：有，但我更多的是投资股票，基本没有亏过，现在股票市场不是很景气，所以想投资点固定资产。

利器097 从竞争对手中拉回客户

点石成金

地产销售行业竞争十分激烈，客户被竞争对手抢走是很常见的情形，因此，销售人员要学会从竞争对手手中将客户拉回。

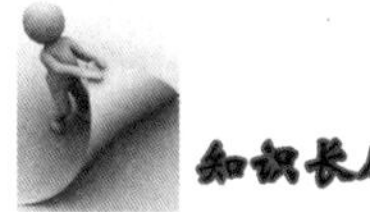

知识长廊

一、回避与赞扬

1. 回避

不要主动提及竞争楼盘情况，以免节外生枝，让客户知晓本不了解的事。

2. 赞扬

别墅是大宗商品，不管多优越，客户往往会货比三家，此时，应坚持以下原则：

（1）赞扬客户货比三家、慎重选择是对的。

（2）绝对不要随便指责客户的偏爱。

（3）探明竞争楼盘在客户心目中的位置。

（4）找出客户的个人因素和真正购买动机。

二、给客户播下怀疑种子

有针对性地将道听途说之事讲给客户听，让这颗怀疑的种子在客户心中生成巨大的不信任，达到足以阻止客户去购买竞争对手的楼盘的效果。

切记所说的话必须有一定的事实依据，否则客户可能再也不会回头。对于那些已经比较熟悉的客户，可直截了当地痛击竞争楼盘的致命弱点，这更有效。

三、不要主动攻击对手

绝对回避竞争楼盘是不可能的，但主动或贸然攻击对手，会给客户造成以下后果：

（1）竞争对手很厉害，且难以战胜。

（2）那个楼盘怎样？我是不是该去看看。

（3）这个销售人员缺乏容人之量，没涵养。

最好的方法是以静制动，有针对性地与客户分析客观事实、综合比较。

四、客观比较

利用自己掌握的竞争对手资料，针对具体客户的特点，按客观和公正的原则，与自己销售的别墅进行比较。具体做法是：把客户心目中较理想的楼盘和本楼盘的各种要素分两行列在同一张表上，以最好部分的高低判定双方的优劣。

图9-6　图片展示

五、避重就轻

如果自己项目的某些素质确实不如竞争楼盘，就要学会忽略竞争对手的这些优点不谈，大谈一些看似无关痛痒的东西，而所谈的恰恰是客户最不想要却有、最想要却没有的品质。

利器098

客户异议灵活处理

处理好客户异议是销售成功的第一步，因此，地产销售人员必须掌握一些行之有效的方法，灵活处理客户异议，使客户的疑问得以解决，加深对产品的认识，进一步达成交易。

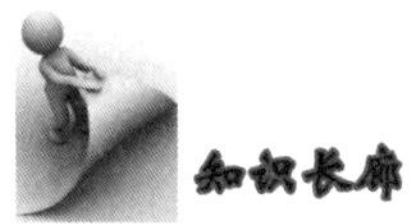

销售人员在处理客户异议时，可通过以下几种方法灵活运用。

一、先发制人法

采用先发制人法能使大事化小、小事化了，最终化解客户异议。

销售人员在与客户面谈的过程中，当确信客户会提出某些或某种异议时，抢先把问题提出来并把它作为论点，争取主动，以有效解除客户异议的方法可以认识到你没有隐瞒自己的观点，能主动、客观地对待推销的产品，为赢得客户信任奠定基础。

二、充分表达法

不论客户说什么，都要让客户充分表达他的意见，千万不要打断客户的谈话。同时适时做出灵敏的反应，巧妙地引导，等客户讲完后再诚恳地解答客户的异议。

三、反问引导法

客户公开提出异议后，销售人员直接以询问的方式向客户提出问题，引导客户在不知不觉中回答自己提出的异议，甚至否定自己，从而同意销售人员观点的处理方法；可以不失时机地当场予以反问，使客户无从解释而感到心虚，自然处于商谈的劣势地位。

四、直接反驳法

销售人员根据有关事实和理由直接否定客户异议的一种处理方法，如“不可能”“开玩笑”。直接反驳法运用得当，可以给客户留下坦诚、充满自信的印象。

五、转折法

销售人员用有关理由间接否定客户异议的方法。在表达与客户相反的意见时，要避开态度生硬的转折词，巧妙地表达相反之意，让客户愉快地接受。通过丰富的表情把同意、理解客户的异议表达出来，再以较低的姿态、请教的方式，向客户表述自己的看法。

六、举例法

销售人员在面谈中针对客户的异议采用实例说明的方法使之同意自己的观点，以解除客户异议的处理方法。如果能举出令人信服的证据，往往不用多加解释就可以取得客户的信赖。

七、装聋作哑法

销售人员在面谈中对客户提出的某些异议不予理睬，分散客户的注意力，达到回避矛盾的处理方法。对微不足道或故意刁难的异议，可采用此法处理。即故意忽视、回避、沉默不语或转移话题等，以保持良好的洽谈气氛，避免与客户发生冲突。

利器099

成功销售必知三件事

点石成金

要想成为一名地产销售冠军，必须知道三件事情，这是迈向成功的一大法宝。

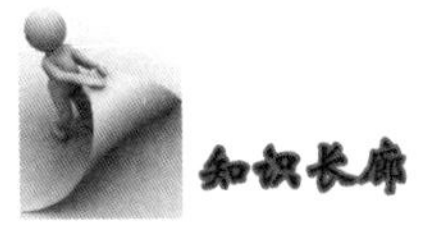

知识长廊

一、蹲得越低，跳得越高

在从事销售行业的人中，80%是做最基础的推销工作。我们要想成功，就必须从基层售楼员做起，一步一步锻炼自己、提升自己。

拒绝用一些冠冕堂皇的头衔（高级营销代表、销售主管）来掩盖自己内心的不安，要敢于承认自己就是一名普通的销售人员。

二、想爬多高，功夫就得下多深

成功的销售没有捷径，销售是一种实践，是一个艰难跋涉的过程；只有真正经历过痛苦、快乐，经历过人生的磨炼，才能达到事业的巅峰。

如果对所从事的售楼工作没有热情，如果仅仅是想有一份工作，如果是为了养家糊口，那你永远也不会取得成功。

三、有效时间管理

时间对每个人都是公平的，同样做销售，为什么成果不同，原因就在于我们是否浪费了时间？是否一直在积极行动？是否真正每时每刻都在关心客户……

利用目标分解与时间管理将每天的工作进行分解，分解到每个事项、每个时段。及时办理、及时检查、及时总结，每完成一件事，就是一项成就。

利器100

面对拒绝应对方法

客户有时候会用一些拒绝的说辞来推脱，销售人员要根据不同的说辞找到相应的化解方法。

地产销售人员在推销过程中常会遇到以下一些问题。

一、家里人不同意

这种情况可能包括的原因为：有可能客户家里人真的不同意；客户的一种借口；客户以及家里人对楼盘本身不清楚；客户生怕家里人有意见而说的。

销售人员：您家里人不同意是可以理解的，因为他们和您一样开始也不太了解我们的楼盘，等他们了解后再说吧！不如约个时间和他们一起到我们现场参观一下，您看星期一好还是星期二好呢？

销售人员：是吗？这么重大的事与家人商量是应该的，不过您是一家之主，您自己觉得如何？如果您觉得好，我想，您家里人肯定会同意的。

销售人员：其实购房是一件好事，所以他们不会反对的，只要您到我们现场参观一下，做一个全面的了解，再回去和他们商量，我相信他们也会来看看。

销售人员：事实上，购房最大的受益人就是您家里人，他们有意见我想一定是对我们的楼盘以及发展商不了解，这样好啦，由我们出面向您家里人介绍一下，有什么问题当面沟通好吗？

二、我家里有钱，自己又做生意，不需要投资房地产

客户属于那种盛气凌人的类型，也有可能觉得烦，而随便说说。

销售人员：先生，投资物业可不是没钱人的专利，在过去很多人都认为有瓦盖头就可以啦，但我相信，您不是那种第一次置业的人啦，应该知道房地产除了保值之外，还可以升值吧！

销售人员：真是恭喜您现在这么富有，生意做得这么成功，不过请问您在10年前能想到您有这样的身价吗？再说拥有我们的住宅是您身份更尊贵的象征，并且还可以给您带来一种保障，现在的房地产市场……

销售人员：财富累积不容易，您一定希望您的财富不断增长，我相信，我们都是这样想的，是吗？因此投资房地产有好处，如……

三、等过一段时间再说吧

一般这样说的客户都是想尽快摆脱销售人员而说的话。

情景再现

销售人员：当然啦，这是一件大事，考虑也是非常重要的，只不过现在我们的别墅卖得很快，每天都有很多客户去看楼，早一天，就多一个选择，要是好的方位都被人家挑了，再说就晚了。既然您有这种考虑，就先去看一看，再回去考虑吧，怎么样？

四、我需要的时候会找你们

在客户的心目中，认为好的东西是不需要宣传的。其实客户根本就不了解，只是在那里随便说说而已。

销售人员：没想到您对房地产这么了解，不知您对哪一个楼盘兴趣大一点呢？您什么时候打算买呢？

销售人员：如果您真的"很清楚"，您一定会和我们一起到现场参观一下。我们的楼盘每天都有很多人来看，您要是再等一段时间，想要的时候已经没有好的位置了。

五、我要和别的楼盘对比一下再通知您

一般这种客户有货比三家的习惯；客户可能对别的楼盘更感兴趣；客户还在考虑中。

情景再现

销售人员：客户是个识货人，知道货比三家不吃亏，但我们房地产公司都是手续齐备的，并且我觉得在位置和环境方面比较适合您，所以需要您到现场详细了解一下。

销售人员：先生（小姐），最重要的是您想要哪种类型的别墅，然后再从中选择，我对其他楼盘也比较熟悉，我们可以一起分析，我相信××花园别墅一定适合您。

销售人员：您考虑得很全面，购买房产确实是一件大事，但现在既然我们有缘，就让我详细地向您介绍一下（马上展示资料或带去看楼）。

六、我经常走动，随时有可能不在这里

客户本身工作可能不稳定；客户可能是外地人。

销售人员：风险无处不在，动荡的生活更应该找个安全保障，即使您有可

能不在这里工作，但也需要找一个安居的地方嘛，正所谓“宁可食无肉，不可居无所”，何况这是一辈子的事呢！

七、你们来了很多人，你把资料留下，如有需要，我会找你

客户有可能在办公地点，不方便讨论这些问题；因为我们重复拜访，确实有很多同事到过；客户对我们这种推销楼房的不看好而随便提出的借口。

销售人员：既然来了很多次您都没买，说明您考虑问题很周详，或者是有什么不清楚的地方？不如我们约个时间好好研究一下，您看是什么时间比较方便？

销售人员：我知道来过许多同事，久闻您的大名，也听说您对我们的××花园还存在一些顾虑，您能谈谈您的想法吗？

销售人员：是吗？很高兴有很多人找过您，不知道他们都与您介绍了什么？

八、我刚买了

客户有可能真的已经买了楼盘，也有可能是随便说说。

销售人员：恭喜您！您买的花园一定很漂亮，今天我们既然碰上了，就让您了解一下我们的××花园，您也可以对比一下，如果觉得好也可以介绍您的朋友来向我买呀。

销售人员：那太好了，我现在可以向您介绍一下我们的物业管理情况。

九、我不需要，我也是搞房地产的

客户本身可能对房地产有所了解；有朋友也做房地产生意；也有甚者是吹嘘。

销售人员：难得碰到一位房地产的专家，相信您在这方面一定很有见识，可以对我们提一点宝贵的建议吗？

销售人员：那更好呀，您已对房地产有很深的了解，既然我们已谈上，就让我向您介绍一下我们的楼盘，好吗？

十、我有朋友在房地产公司工作，我会找他们

客户有朋友在房地产公司做生意；随口说的或者是吹嘘。

销售人员：如果您能接受我是您的朋友的话，那么在购房之前，您大概不会在意认识的先后吧？

销售人员：您的朋友在房地产公司，那您一定对房地产有所了解，但现代社会，购房不一定要从朋友那里买，而是要看哪个楼盘前景、环境以及条件比较好，可不可以让我详细介绍一下，给我一个机会行吗？如果您不满意，可以大大方方地拒绝我，而不必碍于情面。

十一、你们收取的费用太多了

房地产的很多坏风气在人们的心中存在一定影响的因素。

情景再现

销售人员：我们的费用是经过物价局审批的，另外，我们公司大部分费用都是国家部门收的，不知您具体指哪部分的费用呢？

销售人员：很高兴您对房地产有兴趣，事实上那些费用是生活的缩影，是生活水准的保障，难道您愿意将来的生活打折扣吗？

销售人员：我们所收取的费用同您将能得到的保障相比，应该算不得什么。

十二、你们是骗人的，想收佣金

在客户的心目中，我们做推销的都是靠佣金吃饭。

销售人员：是否我们有同事向你们收取佣金啦？有很多人都像您这样认为，这都是对我们不了解，其实我们只是向你们推介楼盘而已，也希望我的介绍能给你们带来一个参考。

情景再现

销售人员：（用开玩笑的口吻）先生，我们能骗到您什么，大不了就骗您十多分钟看看楼而已。

图9-7　图片展示

华睿书库：企业人爱看的书

“制造业·服务业管理工具库”精品书目

HOW-TO企业人手册系列

序号	书 目	定价（元）
1	《优秀仓管员手册》（第4版）	23.00
2	《优秀采购员手册》（第4版）	23.00
3	《优秀品管员手册》（第4版）	23.00
4	《优秀班组长手册》（第2版）	23.00
5	《优秀跟单员手册》（第2版）	23.00
6	《优秀外贸员手册》（第2版）	23.00
7	《优秀员工手册》（白金版）	20.00
8	《优秀生产主管手册》（白金版）	20.00
9	《优秀报关员手册》	23.00
10	《优秀行政文员手册》	21.80
11	《优秀人事文员手册》	21.80
12	《优秀生产文员手册》	21.80
13	《优秀班组长安全管理手册》	25.00
14	《优秀班组长工作模板范本》	25.00
15	《优秀班组长管理工具指引》	25.00
16	《优秀班组长精益管理笔记》	25.00
17	《优秀班组长现场解决方案》	25.00
18	《优秀采购员88个工作细节》	25.00
19	《优秀采购员精益管理笔记 》	25.00
20	《优秀采购员管理工具指引》	25.00
21	《优秀采购员工作模板范本》	25.00
22	《优秀采购员成本控制与供应商管理》	25.00

微时代·微营销系列

序号	书 目	定价（元）
1	《沟通其实很简单——三易沟通助你职场更成功》	29.80
2	《全网微营销创意案例集》	36.00
3	《腾讯，不仅仅是QQ——腾讯为什么成功》	36.00
4	《小米，不是苹果——小米给我们的启示》	36.00

绩效管理实用工具书

序号	书 目	定价（元）
1	《餐饮服务业绩效管理流程·指标·制度·表格》（附赠光盘）	58.00
2	《酒店服务业绩效管理流程·指标·制度·表格》（附赠光盘）	58.00
3	《物业公司绩效管理流程·指标·制度·表格》（附赠光盘）	58.00
4	《制造业绩效管理流程·指标·制度·表格》（附赠光盘）	58.00